楽を極め、
同時に
ムダを徹底的に
味わう所に、
思いもよらない
進化が生まれる。

中谷彰宏

あきひろ

チャンスは「ムダなこと」から生まれる。

中谷彰宏

現代書林

この本は、
3人のために書きました。

1
ムダなことが、もったいないと感じてしまう人。

2
ムダをしていることに、クヨクヨする人。

3
個性的な魅力や余裕をつけたい人。

PROLOGUE

01

効率より、ムダなことが、上回る。

人生を楽しむために唯一チャンスがあるとすれば、それは「ムダ」です。

「ムダ」の逆は、「効率」です。

効率的にいろんなことをしたいのです。

世の中は効率へ向かっています。

効率の極致がＡＩです。

ＡＩが出てきたことで、中途半端な効率はＡＩにかなわなくなりました。

ここで2通りの生き方に分かれます。

「徹底的な効率で生きていく」か、「ムダを評価して生きていくか」です。

どちらを選ぶかは、個々人の考え方です。

ＡＩが登場する前は、効率化には向かっていましたが、それが極められていなかったので、まだ人間のほうが効率はまさっていました。

ＡＩが出てきた時点で、人間はＡＩには効率では勝てなくなったのです。

ＡＩを極めているのが、グーグルであり、アマゾンです。

効率で生きていこうと思ったら、グーグル、アマゾンと戦うことになります。

最初から勝ち目がない戦いを挑もうとしているのです。


ＡＩの弱点は、ムダができないことです。


ムダをしないことがＡＩの強みであり、唯一の弱点が人間がしてくるムダです。

大切なのは、効率に惑わされないことです。

会社では、効率のことが、よく言われます。

それは結局、グーグル、アマゾンと勝負することになるのです。

東大と京大は、よく比較されます。

京大は、ひたすらムダになるかもしれない研究をしています。

東大は、スタートが官僚を育てる学府です。

どうやってムダを取り除いて、みんなが平均的にうまくいくかという方法を考えるのが官僚の仕事です。

東大の入試は、文章が長いのです。

それをいかに短時間に処理するか、という能力を見るためです。

一方、京大の入試は文章が短いので、考えざるをえなくなります。

東大と京大という二大学府は、そもそも目的が違っていたのです。

東大生にも、面白い人がたくさんいます。

大学時代、デートで終電を逃すと、東大の駒場寮に泊まっていました。

そのベッドの持ち主は、ポーランドに渡航していました。

私の学生時代の１９８０年前後のポーランドですから、入国することすら難しい時代です。

自分の価値に気づくために

01 効率に惑わされない。

大学の単位は、さっさと取ってしまって、好きなことをしていたのです。

効率は、目的ではありません。

ムダなことを楽しむという目的のための手段として、効率があるのです。

「ＡＩが人間を逆転するのか」「人間の仕事はＡＩに奪われるのか」ということが問われている時代の中で、最も大切なキーワードが「ムダ」です。

人間が得意な「ムダ」をするかしないかで、ＡＩに勝てるかどうかが分かれるのです。

勝つためにするのではなく、楽しむために効率があるのです。

自分の価値に気づく56の方法

23 □――人を育てよう。
24 □――ムダなことをして、やりがいをつくろう。
25 □――気づかれない親切をしよう。
26 □――盛りつけに、こだわろう。
27 □――正規のお店で、電池交換しよう。
28 □――買い直したほうが安くても、メンテして使おう。
29 □――ムダから、個性をつくろう。
30 □――観光コース以外に行く。
31 □――落第しよう。
32 □――脇役を、大切にしよう。
33 □――能力より、価値を大切にしよう。
34 □――短所を、直さない。
35 □――遠まわりの動線を、味わおう。
36 □――スキ間に、詰め込みすぎない。

37 □――風通しのよさを大切にしよう。
38 □――支払いの後、サービスしよう。
39 □――子どもに、サービスしよう。
40 □――タイプではない人にこそ、優しくしよう。
41 □――余韻を楽しもう。
42 □――気づかれないことをしよう。
43 □――仕事に関係ない本を読もう。
44 □――空振りアラートに、ムッとしない。
45 □――ムダから、運を生み出そう。
46 □――「何のために」という発想を捨てよう。
47 □――評価されない仕事をしよう。
48 □――受験に出ない科目を勉強しよう。
49 □――お客様のためになることをしよう。
50 □――確率を求めない。

CONTENTS

チャンスは「ムダなこと」から生まれる。

CHAPTER

1

ムダを承知で準備のできる人に、逆転のチャンスが生まれる。

CHAPTER

2

会う時間を惜しまない人に、出会いのチャンスが生まれる。

CHAPTER

3

気づかれない親切のできる人に、一流になるチャンスが生まれる。

CHAPTER 4

ムダな遠まわりをする人に、楽しむチャンスが生まれる。

CHAPTER

5

見返りを期待せず動ける人に、運と出会うチャンスが生まれる。

CHAPTER

6

結果にはこだわらずに極める人が、成功のチャンスを引き寄せる。

EPILOGUE

56

合理的なことだけしていたら、進化しない。

210

CHAPTER

1

ムダを承知で準備のできる人に、逆転のチャンスが生まれる。

02 すぐに役立つことは、すぐに役立たなくなる。

習いごとをしようとする人、資格を取りに来る人が一番気にするのは、それが仕事や利益にすぐに結びつくかどうかということです。

焦っている人は、すぐに役に立つことを求めるのです。

「それをしたら、どんなメリットがあるんですか」というのは、効率化の発想です。

ムダの定義は、「すぐに役に立たないことをすること」です。

それをしたからといって、どういうプラスがあるかわからないのです。

19世紀の頭に、ナポレオンは、戦争に勝てるようにするために最高学府が必要だと考えました。

戦争は理工学部の戦いです。

文系の学問は、戦争で勝つために役に立ちません。

アメリカでも州立大学が19世紀に無料になったのは、文学部ではなく、医学部と理工学部でした。

文学部で教えているのは教養です。

ここで、教養課程は必要かという議論が出てきます。

世界を見ると、トップクラスの人たちには、教養があります。

教育が生まれたことで、貧しい人にも逆転のチャンスが生まれたのです。

教養課程がなくなると、生まれた時のハンデをひっくり返せなくなります。

一部の人たちに富が独占される形になるのです。

教養は、6回コースで身につけられるようなものではありません。

教養を身につけたとしても、すぐには役に立ちません。

すぐに役に立つことばかりしていると、支配階級にだまされます。

教養は支配階級が持っています。

かつては、王侯貴族や僧侶の世界だけのものだったのです。

医学や理工学は、すぐに役に立ちます。

教養は、すぐには役に立たなくても、人類の長い歴史の中では必要なものです。

理系の学問は、戦争に勝つためには有利です。

一方で、戦争を止めるためには教養の力が必要です。


日常生活でも、「どちらがすぐに役に立つか」という基準で物事を決めるのは、ムダを排除する考え方です。

ムダの定義は、「役に立たないもの」ではありません。

「すぐに役に立たないもの」です。

たとえば、ソロバンは電卓に取って代わられました。

それが、パソコンやＡＩの時代になりました。

今ソロバンを習うことは、一見ムダです。

実際は、ソロバンを習うことによって集中力がつきます。
その集中力が、何に生かされるかはわかりません。
でも、いつか必ず何かの役に立ちます。
形の見えないものに投資することが、「ムダ」にトライするということなのです。

自分の価値に気づくために

02

すぐに役に立たないことをしよう。

03

コピーしたことは、頭に入らない。

技術が進めば進むほど、あらゆることが便利になっていきます。

「便利」は、「ムダ」とは反対の考え方です。

不便なことをするのが、「ムダ」です。

生徒のノートを見ると、ウィキペディアをプリントアウトしたものが貼ってあります。

たしかに、きれいなノートにはなっています。

でも、これでは復習になりません。

コピーして貼ったものは、頭に入らないからです。

手書きするプロセスの中で、自分なりの理解が深まり、自分の中で消化されて頭に入っていくのです。

コピーは便利な道具です。

コピーに比べて、手書きはきわめてムダな作業です。

そのムダな作業をすることで、頭に入るのです。

博物学者の南方熊楠《みなかたくまぐす》は、子どもの時に、お金持ちの友達の家に行って、漢文で書かれた百科事典を全部写していました。

それが今も残っています。

熊楠は、その後ロンドンに留学して、毎日、大英博物館で模写をしていたのです。

安藤忠雄さんの建築事務所は、建築模型を学生につくらせます。

専門業者さんに頼むと、値段は高いですが、きれいにつくってくれます。

それを学生につくらせると、時間がかかるし、何回も失敗します。

それでも、自分でつくった模型なので、得るものがたくさんあります。

誰かがつくった模型は、よくできていますが、自分の勉強にはなりません。

ヘタでもいいから何回も失敗しながらつくる過程に、何かの発見があるのです。

熊楠の家がお金持ちで、家に漢文の辞書がそろっていたら、「南方熊楠」は生まれなかったのです。

勉強は簡単にコピーできません。

手書きは、めんどうくさいことです。

めんどうくさいことを、どれだけできるかが勉強なのです。

自分の価値に気づくために

03

コピーを取らないで、手書きしよう。

04

めんどうくさいことに、価値がある。

私は、職人の家に生まれました。

職人の仕事は、「ムダなこと」とか「めんどうくさいこと」の集積です。

めんどうくさいことをするから、価値のある工芸作品が生まれるのです。

私の父親は、私が当時『少年朝日年鑑』を写している作業に関して、何も口出ししませんでした。

自分自身が職人で、「写す」というムダな作業の楽しさを知っているからです。

今、大学の卒論は、ほとんどがコピペです。

今の大学生は、コピペを使うのがうまいのです。

スマホの小さい画面で、一瞬で卒論をつくり上げます。

その技に関しては見事です。

効率よくすることにすぐれている分、少しでもムダなことはめんどうくさくなるのです。

買い物もワンクリックでできるので、町で買い物をするのが苦手になります。

皮や骨がついていたり、タネが入っている食べ物も嫌いです。

魚の骨をきれいに取れるようになったら、魚を食べるのが好きになります。

宮崎駿《みやざきはやお》さんのアニメは、食べるシーンが多いのです。

宮崎さんは、アニメーターが魚を食べるシーンを描いた時に、「そんな箸《はし》の入れ方はないよね」と指摘します。

アニメーションは、ウソをついたらリアリティーがなくなるのです。

私は中谷塾の授業の時に、たくさん板書します。

本当は、コピーを配ったほうが早いのです。

自分の価値に気づくために

04

めんどうくさいことを、しよう。

コピーを配ると、みんながそれをノートに貼って終わりです。
それでは生徒のためにならないので、あえて板書をしているのです。
板書を写す作業の中では、どうしても頭を使います。
手で書くのとキーボードで打つのとでは、文章がまったく変わります。
私は、手書きの時代に本を書き始めてよかったなと感謝しています。
キーボードで打つと、文体は変わりませんが、浅くなる気がします。
それは手で考えている部分が、一段階省略されているからなのです。

05

ディズニーランドに行って、アトラクションに何も乗らない楽しみ。

東京ディズニーランドは、チケットがあれば閉園時間ギリギリまで入れます。

私は、そのギリギリの時間に入るのが好きです。

すでに、アトラクションもパレードも終わっています。

パレードを見てすぐ帰るカップルよりも、パレードが終わったのにまだ残っているカップルのほうが、仲がいいのです。

そのカップルが手をつないで、正門から舞浜までの坂道を、音楽をかすかに聞きながら帰っていきます。

その幸せな空気を、ベンチに座って味わうだけで楽しいのです。

私がその話をすると、「ディズニーランドでアトラクションに乗らないなんて、ムダじゃないですか」と言われました。

その人は、ディズニーランドに行って、アトラクションにいくつ乗ったかということだけに関心があるのです。

お客様からも、「ファストパスを有料にして、たくさん乗れるようにしてほしい」という意見が出ています。

それは「並ぶのはムダだ」という考え方です。

アメリカのテーマパークに行くと、ジェットコースターに1時間ぐらい並びます。

仲良しのカップルは、並ぶ時間を楽しんでいます。

並んでいる時間は、ムダな時間ではないのです。

並びながら、ますます仲良くなるのです。

ジェットコースターに乗っている時間は2分、並んでいる時間は1時間です。

その1時間をどう味わうかです。

「2分のために1時間をムダにするのはイヤだ。誰か代わりに並んでもらいたい」と思うのは、世の中が便利になったからです。

便利になることによって、得るメリットと失う楽しみ方があるのです。

テーマパーク側も、待っている1時間を楽しませようとします。

乗るのが怖くなった人用に、「急に用事を思い出した方はこちら」というルートがあるのです。

お化け屋敷は江戸時代からあります。

売れない役者さんが副業でお化け屋敷を始めたら、本業よりも儲かったのです。

全国のお寺をまわって、そこでお化け屋敷の興業を打ちます。

お寺の構造は、それぞれ違います。

松の木があったら、お化け屋敷にそのまま使います。

唯一同じ構造は、中の「キャー」という声が、待っている人に聞こえるところに行列のラインができていることです。

それで盛り上がるのです。

実際に見て「キャー」と叫ぶより、待っている間に誰かが「キャー」と叫んでいるほうが、「どんな怖いことが中で起こっているんだろう?」と思って怖いのです。

これが待っている間の楽しみ方です。

実際にそれをする時だけが楽しいのではありません。

待っている時から楽しいのです。

自分の価値に気づくために

05

待っている間を、楽しもう。

06

残すことで、次につながる。

ディズニーランドで、強風のため花火の打ち上げが中止になることがあります。
ここで「損したからお金を返せ」と言う人は、楽しみ方を知らない人です。
楽しみ上手な人は、「これでまた来る口実ができた」と考えます。
全部見られないことの楽しみがあるのです。
旅がヘタな人は、名所旧跡を全部まわろうとします。
ムダがなくて効率はいいですが、楽しみ方としてはヘタです。

何かを残しておくことによって、味わえるものがあるのです。

ビュッフェで「全部食べないと損」と考える人は、ビュッフェの楽しみ方のへタな人です。

ビュッフェは食べ切れない種類がそろっています。

料理は満腹すると後味が悪くなります。

「苦しい」「しんどい」が先に立って、「おいしい」「楽しい」がなくなるのです。

「もう少し食べたかったな」「あれを食べればよかった」でやめるのが、上手な楽しみ方です。

食べないとお金はムダになりますが、それがいいのです。

講演では、私は少しでも長くみんなに話してあげたいのです。

ただし、それをしてしまうと満足度が下がります。

「もうちょっと聞きたかった」というのがベストです。

少し余韻を残しておいたほうがいいのです。

ディズニーランドでも海外旅行でも、だんだん慣れてくると楽しみ方のレベルが上がります。

自分の価値に気づくために

06

残す楽しみを、味わおう。

「残す」という楽しみ方がわかった時に、ワンステップアップするのです。
たくさん食べることが、自由ではありません。
残すということが、自由なのです。
残すという体験をした人は、その後、必要以上に取らなくなります。
その結果、食べ物をムダにしなくなるのです。

07

覚悟とは、ムダを承知で準備をすること。

楽しむためには覚悟がいります。

覚悟は「readiness」、準備することです。

仕事でも遊びでも、「こうなったら、こうしよう」というのが覚悟です。

そのための準備は、ムダになることもあれば、そうならないこともあります。

「準備してムダになったらどうしよう」と考えると、準備はできなくなります。

ムダをしたくない人は、覚悟のない人なのです。

たとえば、株を買う時に、「たとえ下がっても『勉強になった』と思おう」という心構えがあるかどうかです。

それが準備です。

実際にモノを動かすことだけが準備ではありません。

覚悟のない人は、株が下がったら、「絶対上がると言ったじゃないか」と、文句を言うのです。

ムダができる人は能動的になります。

ムダができない人は受動的になります。

ムダをするかしないかで、能動になるか受動になるかが分かれるのです。

できるだけムダを排除しようとすると、いつの間にか誰かの受け売りになって、自分の人生を生きられなくなります。

ムダをすることによって、初めて自分の人生を生きられるのです。


本を人に勧めた時に、「これを読んだら何かいいことがありますか？」と聞かれることがあります。

そんなことは、わかりません。

一人ひとり状況が違うからです。

ダイエットの本を読んだ人も、

①「読んでしてみたけど痩《や》せなかった。どうしてくれる！」と言う人

②「読んでしてみたけど痩せませんでした。早く次の本を出してください」と言う人

の2通りに分かれます。

「早く次の本を出してください」と言う人には、味方してあげたくなります。

「痩せなかった。どうしてくれる」と言う人には、次のアドバイスをしてあげたいとは思いません。

同じように結果が出なかった人でも、2通りに分かれるのです。

「できるだけムダにならない準備をしよう」と考え始めた瞬間に、その人は準備をしなくなるのです。

自分の価値に気づくために

07 準備しよう。

08

プロとは、ムダな準備のできる人だ。

たとえば、本のカバー案を出してもらう時、1案しか出さないデザイナーさんがいます。

本人は自信があるのでしょうが、それは一流半のデザイナーです。

一流のデザイナーほど、たくさんの案を出して、その中から選んでもらう形にします。

たとえば、A・B・Cの3案を出したら、使わなかった2案はムダになります。

一流はそのことに対して、少しもムダだと感じないのです。

「あとの2案がムダになるじゃないですか」と言うのが、一流半です。

それは「アイデアを出して採用にならなかったから損」という考え方です。

一流は、考えた時点で自分の中にアイデアがあったのだから、それでよしとするのです。

安藤忠雄さんは、まだ売れていないころに、ある一軒の建物のコンペに参加しました。

そこには世界の名だたる一流の建築家100人が集まっていました。

安藤さんの案が採用される確率は100分の1です。

その時点で99%はムダです。

にもかかわらず、安藤さんはその建物の向かいと隣の会社に行って、「今度こちらの建て替えを依頼されていますので、おたくも替えられたらどうですか」と言って、設計図を持って行きました。

たしかに、建物の近辺はトータルデザインイメージとして変えたほうがいいのです。

安藤さんは、依頼されているわけでも、コンペで勝ったわけでもありません。

設計図を持って行っても、「うちはそんなこと頼んでないよ」と、門前払いになります。

コンペの結果、安藤さんの案が採用にならなくても、10年後、20年後、ボツにされた会社から「前に1回、出してもらったことがあったよね」ということで依頼があるのです。

こういうロングスパンの考え方が、「ムダなことをする」ということです。何よりも自分の勉強になるのです。

安藤さんは、コンペに負けても、採用されたほかの人のアイデアを研究します。

「これはこういうところがうまい」というのを勉強の材料にするのです。

自分の中に誇りがないと、こんなことはできません。

普通は、自分が負けて相手が勝ったアイデアは見たくないものです。

サッカーも、自分の国が負けたら、あとの試合は見たくありません。

それが見られる人がプロなのです。

負けた試合を、どんなに研究しても、その時の判定が覆ることはありません。

負けたプレゼンを、どれだけ研究したからといって、ボツが採用に変わることはありません。

負けた後の研究は、勝ち負けにはムダなのです。

済んだ結果を覆すためにあるのではありません。

次回の勝ちのために、ムダなことをするのです。

ムダなことは、相手のためにするのではありません。

自分のためにするのです。

自分の価値に気づくために

08

「頼まれないこと」をしよう。

09

最低限の準備をしたところから、本当の準備が始まる。

「準備していますか」と言われた時に、「一応最低限の準備はしています」と答える人がいます。

それは「準備」ではありません。

最低限の準備をしたところから、本当の準備が始まります。

その先は、頼まれていないし、しなくてもいいことです。

私は博報堂にいたころ、師匠から「このコピーを明日までに300本書いてこい」と言われたら、500本書いていきました。

300本書けば、最低限の準備はできています。

あと200本足しても、それが採用になるかどうかはわかりません。

全部ボツになることもあります。

コピーライターは、ほかにもたくさん一緒に作業しています。

全員が300本持ってくるので、10人いたら3000本です。

その中で、「プラス200本」は必要以上のもので、ムダな準備です。

一流のスタイリストさんは、「オリエンテーションと少しズレるかもしれませんが、一応参考に見てもらえますか」と言って、頼まれたモノ以外にも持ってきてくれるのです。

企画を考える時に、節約を始めた時点でアイデアは出なくなります。

アイデアマンやプランナーは、トップの人ほど出してくるアイデアが多いのです。

普通は、有名なプランナーになるほど少なく出していいし、新人がたくさん出せばいいと思います。

逆です。

出してくるアイデアは、新人ほど少なくて、有名な人ほど多いのです。

最低限の準備から、やっと「1」の準備が始まります。

最低限の準備は「準備をしている」とは言えません。

「そんなこともあるかと思って」ということで準備をすると、とてつもない量になります。

過去の経験量の多い人ほど、準備は多くなります。

それがその人の想像力になっていくのです。

自分の価値に気づくために

09

必要以上の準備をしよう。

CHAPTER

2

会う時間を惜しまない人に、出会いのチャンスが生まれる。

10 メールでNGのことが、直接会うとOKのこともある。

ホテルの1泊の値段は、部屋の広さではなく、コンシェルジュで決まります。

ホテルのコンシェルジュは、お客様からレストランの予約を頼まれます。

どれくらい頼みごとに応えられるかが、コンシェルジュの力です。

宿泊料の高いホテルは、お客様の要望に融通を利かせる力が半端ではありません。

普通は入れそうもないところに、コンシェルジュの「ちょっと頼んでみます」で入れるのです。

「エッ、そんなところに入れるの?」と、ビックリします。

これが人脈の力です。

京都の花街《かがい》も融通の世界です。

「夜、うちの4人組だけでお寺でお花見をしたいんだけど」と言うと、「ちょっとご住職に聞いてみましょうか」と言われます。

それでOKになるのです。

京都は、「白足袋《しろたび》つきあい」です。

白足袋を履いているのは、芸妓《げいこ》さんとお坊さんです。

この二人に逆らったら、京都では生きていけません。

すべてのネットワークが、そこへ集約しているのです。

人気のレストランは、今日の今日ではなかなか席が取れません。

メールでも電話でも、「すみません、いっぱいです」と言われます。

そんな時でも、コンシェルジュが直接頼みに行くと取れることがあるのです。

受ける側も、直接来てもらうのとメールとでは対応が違います。

直接行くと、微妙な交渉ができます。

「何時以降なら空きますか」とか、「何時までなら空いていますか」という細かいやりとりができるのです。

過去のいろいろな貸し借りでサービスしてくれることもあります。

最後は、人間と人間とのつながりです。

古《いにしえ》からある、アナログのつながりのほうが最も強いのです。

AIを上回る力は、人間と人間がナマで会う力です。

その中間はないのです。

モナコに行った時に、短パンを履いたプール監視員のおじいさんに「○○のレストランに行ったか」と聞かれました。

「行ってないです。だって、予約が取れないでしょう?」と言うと、「オレが取ろう」と言って、本当に取れたのです。

そのおじいさんは、どこにでも顔が利きます。

モナコでは、プールが社交場です。

すべてのセレブが集まってきます。

そこを仕切っているのが、プールの監視員です。

そのおじいさんは、夜はタキシードで「ジャン・コクトーに泳ぎを教えたのはオレだ」とか、「ピカソにも泳ぎを教えた」という話をしています。

時代と年齢がだんだん合わなくなっていきます。

ノリも入っていますが、あながちウソでもないのです。

幕末は、どんな偉い人でも、みんなじかに会っていました。

『西郷《せご》どん』も『龍馬伝《りょうまでん》』にしても、ナマの情報が行き来し合っていた時代です。

テクノロジーが進めば進むほど、じかに会うことが大切になっていくのです。

自分の価値に気づくために

10

メールで済ませないで、直接会おう。

11

買い物前の会話を楽しむ。

これからの買い物は、2通りに分かれます。
ひとつは、会話ゼロの買い物です。
たとえば、コンビニは会話のやりとりがあまりありません。
それをもっと極めたのが、インターネット通販です。
インターネット通販は、ワンクリックで買えるので便利です。
今は、町中にたくさんあるコンビニも、通販にとって代わられる可能性があります。
コンビニは、家の冷蔵庫がわりになっていきます。
買ったものを、レジを通さずに持ち帰れるようになるのです。

コンビニのレジには人がいなくなります。

すでにグーグルがそういうストアを出しています。

買ったモノを持って店を出ると、クレジットカードから自動的に引き落とされるのです。

棚から取って戻したモノも、センサーが認識してすべて記録に残ります。

買ったモノの履歴もわかります。

「これとこれで迷った」ということまで記録に残っています。

何が決め手で買ったのかをマーケティングに生かすのです。

商品を勧めてくることもあります。

視線も追えるので、どこを見たかもわかります。

カロリー表示を見ていたら、「やっぱりカロリーが勝負だな。パッケージを変えてカロリーを目立つようにしよう」ということができるのです。

一方で、話をしないと買えないモノもあります。

オーダーシャツやオーダースーツは、

「どういうお仕事をされているんですか」

「どういうところへ着て行かれますか」

「食事はどういうところでいつもされるんですか」

「好きな映画はなんですか」

「どういう本が好きですか」

……と、つくる時にいろいろなことを聞かれます。

その人の美意識とか価値観を聞かないとつくれないからです。

「なんでもいいから早くつくってくれ」と言う人は、「それでしたら、通販のほうへどうぞ」と言われます。

そこまでしてでも、お客様にジャストのものをつくりたいのです。

お客様の美意識より高いレベルのものをつくると、「いまいち」と思われます。

お客様の美意識に合ったレベルのものをつくるのが職人さんです。

レベル1の人にレベル3のものをつくると、お客様は不満を持ちます。

話しながら、お客様の好みを探って、レベル1から2、2から3、3から4へ上げていくのが、職人さんの買い物を通した教育です。

その会話を省きたい人は、「どうぞ通販へ」と言われます。

早く欲しいなら、通販のほうが早いです。

会話をしながら買うのか、ワンクリックで会話なしで買うのか、自分がどちらを目指すかです。

会話しながら買う服は、でき上がるまで時間がかかります。

仮縫いがあるからです。

「約1カ月半で仮縫いができ上がります」と言われると、通販に慣れている人は「エッ」と驚きます。

「服なんて、時間がかかっても1週間ででき上がると思っていたのに」と文句を言うのです。

つくり手は、仮縫いを何回も何回も繰り返すプロセスにお金をかけています。

私の燕尾服《えんびふく》の仮縫いは5回でした。

そのつど、フィッティングと修正で微調整を繰り返して、やっと本番の生地で仕立てるのです。

仮縫いの生地はホンモノに近いですが、ホンモノの生地ではありません。

それで自分にジャストなものをつくっていきます。

このムダなプロセスを、楽しめるかどうかなのです。

自分の価値に気づくために

11

会話しないと売ってくれないお店で、買おう。

12 日本は線、西洋は面にニュアンスを感じる。

日本人は、ふだん自分たちが余白に何かを感じていることを意識していません。

これはＤＮＡです。

クールジャパンの最大の輸出商品は、マンガです。

外国にもマンガはあります。

決定的に違うのは、外国のマンガは全部カラーで、日本のマンガはモノクロだということです。

日本のマンガにも、時々、巻頭カラーがついていますが、なんとなくピンとこない感じがします。

日本人は線にニュアンスを感じます。

外国人は面にニュアンスを感じます。

日本人は、「絵巻物」→「水墨画」→「浮世絵」→「マンガ」と、1000年にわたって線で何かを描いてきました。

1000年かけてつくられてきた美意識のDNAを持っています。

3年、4年の話ではないのです。


海外の美術は、いかに線を消して面で表現するかが勝負です。

線で描いたら「シロウト」と言われます。

日本では、色をベッタリ埋めたら、余白がなくなって良さがありません。

海外では、色をベッタリ埋めていないと「未完成」と言われます。

余白があると、「ここには何を入れるのか」と聞かれるのです。

西洋で初めて絵画に余白を入れたのが印象派です。

日本の浮世絵の影響を受けたのです。

印象派の画家、オーギュスト・ルノワールは、ダンヴェールさんという銀行家に頼まれて、彼の8歳の娘の絵を描きました。

有名な『イレーヌ・カーン・ダンヴェール嬢』です。

描き上げた絵を届けると、「未完成の絵を届けるなんて、ふざけるな。塗り残しがあるし、絵もボケボケで、ピントがひとつも合っていない」と言われました。

料金も値切られて、あと二人の娘の分は二人まとめて描くことになりました。

しかも、あの名画は女中部屋に飾られたのです。


日本の伝統は、余白を味わうことなのです。

自分の価値に
気づくために

12

余白の美を味わおう。

13

思いは、余白にある。

日本人は余白を見ても「未完成」とは感じません。

何もない空間とか、塗り残しにも「何か」を感じます。

表参道のビルの屋上には、屋上ビルボード広告があります。

お父さんと息子が、表参道の交差点からそれを見ていました。

お父さんが子どもに「あの看板を見てみろ。看板に字が書いてあるだろう。あれは広告なんだ。あの絵は真ん中に置けばいいのに、なんで端っこにあると思う?」と言って、子どもに余白の意味を教えていました。

これは私が父親から教えられたことです。

私の家は染物屋だったので、そういう教育をするのです。

広告は余白をたくさん取ります。

新聞の全面広告は、文字が少ないのです。

文字が書いていないところにも広告代はかかっています。

文字が少ないことで、そこに見る人の目が集まって人の気持ちを動かすのです。

全面広告に株式欄のように文字がぎっしり詰まっていたら、読み飛ばされます。

余白をつくって文字を凝縮していく短歌・俳句の世界につながっているのです。


プロは、空白をつくるところにエネルギーをかけています。そこに職人技が問われます。


余白は「ムダ」ではないのです。

私は広告の世界から文章の世界へ入ってきました。

コピーの書き方で本を書いているので、「中谷彰宏の本は文字が少ない」「白スペースが多い」と本を書き始めたころ言われました。

広告の世界で生きていない人は、余白の意味がわからないのです。

もっと言うと、それは日本文化の否定です。
空白をつくるために、どれだけのエネルギーをかけているかということです。
空白とは、何もないことではありません。
そこに多くの思いを込めています。
文字で埋めないことで、多くのことが伝わります。
ここに空白・余白をつくることの難しさがあるのです。

自分の価値に気づくために

13

余白の思いを味わおう。

14

メールの時代だからこそ、手書きのお礼状がうれしい。

メールの時代になって、どんどん手書きが少なくなってきました。
昔の年賀状を整理していると、よくわかります。
年賀状を書く人も減り、年賀状自体も減ってきています。
そのようなかで、これからは手書きの勝負になります。
人に送ったものは、やはり手書きのものが残っていくのです。

メールはデジタルで送信するので、誰でもすぐに送れます。
手書きは、送っても相手に着くまで1日かかります。
そこから返事が2日後に返ってきます。

このやりとりが、まどろっこしいのです。

このムダな手間をかけることが、見直される時代になりました。

これだけ手書きのないところに手書きが来ると、それだけ強く印象に残ります。

ベンチャー企業の経営者は、筆書きをする人が多いのです。

一部上場のベンチャー企業のトップの人が、「今日は朝からずっと習字をしていた」と言うのです。

ベンチャー企業は、今までにない新しいことをする企業です。

にもかかわらず、手書きという古風なことをしているのです。

だからこそ、印象に残って、みんなが投資するのです。

自分の価値に気づくために

14

手書きのお礼状を書こう。

15

聞かれなくても、アドバイスする。

私は講演に行くと、つい「机の並べ方はこうしたほうがいい」などと考えます。

「ホワイトボードの位置はこうしたほうがいい」とか「サインペンはこうしたほうがいい」とか「流す曲はこうしたほうがいい」などと言ってしまいます。

「ホントお節介ですよね。変えたくなかったらいつもどおりやってくださいね」

と言いながら、いろいろなアドバイスをするのです。

まるで、お小言を言うお姑《しゅうとめ》さんです。

しかも、「ここはどうしたらいいんですか」とは何も聞かれていないのです。

博報堂での私の上司は萩原高《はぎわらたかし》さんでした。

ハギさんは教え魔です。

みんなからは「中谷さんはいいな。ハギさんの下にいて、毎日、研修みたいなものじゃないですか」と言われました。

ハギさんは研修係でした。

私は「みんなは年1回の研修だからいいですよ。365日、研修を受けてみてくださいよ。大変ですよ」と、憎まれ口を叩いていました。

にもかかわらず、今の私が言っていることは、ほぼハギさんに教わったことです。

当時は「うるさいな」と思っていたことが、今はありがたいのです。

たとえイヤがられても、お節介をしておくことは大切です。

お節介はムダなことです。

ムダなことをすると嫌われます。

嫌われていいから、その人のために、お節介を焼くのです。

好かれようと思ったら、よけいなことは言わないで、ほめておけばいいのです。

厳しいことなど、言わないほうがいいのです。

ハギさんは、毎日毎日、重箱の隅をほじくってくれました。

当時は「イヤだな。ほっといてくれ」と思って逃げていたことが耳に残っていて、今、役に立っているのです。

私が今日ここでまだ仕事ができているのは、ハギさんのおかげです。

ハギさんに細かいことを言われたくないから、私は先まわりして、ほじくってくるところを先に掃除しておくように心がけました。

それでも、ハギさんはほじくってくるのです。

そのお節介は、今思うと、ありがたいことです。


私は今、自分がお節介をする立場になりました。

お節介は、相手のためにしているのに嫌われます。

こんなにムダなことはありません。

嫌われてもいいからすることに、覚悟があるのです。

効率は、今のためにすることです。
ムダなことは、未来のためにするのです。

自分の価値に
気づくために

15

お節介を、焼こう。

16 頼まれる前から、考えている。

広告代理店にいることのメリットは、頼まれる前に考えるようになることです。

これは職業病です。

「あのクルマの広告をやりたいな」とか、「この化粧品の広告をやりたいな」と思っても、そんな仕事はさせてもらえません。

上司に「次はこれの売り方を考えてくれ」「コピーを考えてくれ」「コマーシャルを考えてくれ」と言われて、目の前にポンと置かれます。

それは、ほぼ時代に合わなくなったような商品です。

売るなんてムリで、廃番にしたほうが最後に売れるかもというような商品ばかり与えられます。

売れる商品、花形商品は社内で取り合いになって、若手にまわってくるのは、みんなが手を出さなかった商品ばかりなのです。

私は、師匠の藤井達朗《ふじいたつろう》さんに「それでもどこかにいいところがあるから、その声を聞いてやれ」と言われました。

それでいいものができたら、普通だったら「いいものができたな」と味わいたいのに、味わっているヒマはありません。

目の前からすぐに持っていかれて、また肩越しに「次、これ」と出されるのです。

これが企画の「わんこそば」です。

こんなことを続けていると、24時間、365日、どこに行っても目の前にある商品に「これを考えろ」と言われているような気がしてきます。

出されたら食べる「わんこそば」状態なのです。

たとえば、出張帰りの東京駅で、たまたま東京駅100周年記念のプロジェクションマッピングを見たことがあります。

私は、「ウワー、すごいなー。感動した」と思いながら、その1秒後から「これの第2弾を頼まれたらどう演出しようか」と考えているのです。

「まずは、1914年に東京駅ができたところから、2014年までのカウントダウンをしよう。同じテンポではなく、速めたり遅めたり緩急をつけたほうがいいな。現在に近づくに従って、音楽が新しいシンセサイザー系に変わっていったけど、最後にもう一回、『汽笛一声』に戻ったほうが泣けるかな」ということを考えています。

自分の想像したものを勝手に思い浮かべながら、もう泣いているのです。

東京ディズニーランドでみんなが帰る時、スピーカーからディズニー長編アニメーション『白雪姫』の代表曲『いつか王子様が』が幻聴のように小さい音で流れています。

あの小ささが、うまいのです。

スピーカーから流れているとは気づかずに、自分のハミングだと思っています。

私はそれを見ながら、「ディズニーランドのCMを次に頼まれたらどうつくろうかな」と考え始めます。

「今日は強風のため、花火は中止です」と、アナウンスがあります。

ここで、みんなの「あ〜あ」というため息のシーンを入れます。

花火を見られなかったカップルが、手をつなぎながら坂道を下りてきます。

シンデレラ城を振り返って、「また来れるよね」と、ひと言言うのです。

「このCM、すごくない？　泣ける」と思って泣いている自分がいます。

何も頼まれていないのに、自分の中でプレゼンが始まっているのです。

自分の価値に気づくために

16

自分の中で、勝手にプレゼンしよう。

17

依頼があってから考えていては遅い。常に即答できるようにしておく。

芸能事務所では、若手の女優さんたちだけで勉強のために舞台をやっています。

仲のいいマネジャーさんから、「中谷さん、見に来てください」と言われて見に行きました。

見ている間にも、「僕が第2弾の演出を頼まれたら」と、誰もまだ頼んでいないのに考えています。

これも職業病です。

「僕の目の前に商品を置かないでほしい」とさえ思います。

私は、そんなことを年がら年じゅう考えています。

依頼があってから考えているのでは遅いのです。

「これなんですが」と言われて商品を出されたら、その場で即答します。

これが広告代理店で鍛えられて得た、私のありがたくもムダなクセです。

頼まれていないことを考えるのは、まったくのムダです。

それでなくても、考えることはたくさんあります。

私は何かを見たら、常に、次に頼まれた時、これのアイデアを求められた時に即答できるようにしているのです。


私は、テレビでコメンテーターをしています。

家でテレビを見ている時も、ずっとコメントしています。

「これについてのコメントは難しいぞ。町のコメントとも、出ているコメンテーターとも違うコメントを考えなければ」ということを考えています。

そんなことをする必要は、まったくないのです。

これがトレーニングになります。

自分の価値に気づくために

17

頼まれていないことを、勝手に考えよう。

私の中では、まったくムダになりません。
その時間の緊張度が、たまらなく楽しいのです。
仕事でない時に仕事をするムダが、楽しいのです。
頼まれてする仕事は、楽しくありません。
命令された残業が楽しくないのは、頼まれてするからです。
同じ残業でも、自分の意志ですれば、楽しくなるのです。

18 特に依頼事項がない間も、払っている顧問料が効いてくる。

会社を辞めて独立した人に対して、私は「まず顧問弁護士さんと顧問税理士さんをつけたほうがいいですよ」とアドバイスをします。

独立したばかりの場合は、「決算の時だけ税理士さんにしてもらう形にして、何かあった時に相談できるようにしておいたほうがいい」と言っています。

一番いいのは、毎月の顧問契約料を払って税理士さんをつけることです。

「相談することがない時に顧問料を払うのは、ムダじゃないですか」と言う人がいますが、ムダにはなりません。

それが、何かあった時の安心料になります。

税金のことをクヨクヨ心配しなくて済むようになるのです。

自分の価値に気づくために

18 顧問契約しよう。

「必要な時だけ払って、必要がない時は払いたくない」という考え方は、一見、効率的です。

現実は、効率的にする人は、ムダなことをたくさんしている人にかなわないのです。

たとえば、ふだんからコツコツ連絡を取り合っている人は、急に助けがいる時に助けてもらえます。

ふだん何も連絡しないで、自分が困った時だけ連絡する人は、「またお金の話か」と思われて、結局、助けてもらえなくなるのです。

これは税理士さんや弁護士さんだけのことではありません。

人間関係では、何もない時につきあっておくことは、ムダのようでムダにならないのです。

CHAPTER

3

気づかれない親切のできる人に、一流になるチャンスが生まれる。

19

ホンモノでなければ、伝わらないものがある。

美術館に行くのは、なかなかめんどうくさいものです。

「ネットで見られるし、カタログにも載っているから、それを取り寄せればいいじゃないですか」と言う人もいます。

カタログとホンモノとは、まったく違います。

作品についての説明は、カタログでもわかります。

ホンモノは、伝わってくるものが違います。

ホンモノでなければ、伝わらないものがあるのです。

カタログなら100点見られて、ホンモノでは1点しか見られないとしても、ホンモノから伝わるものはカタログの100倍どころではありません。

ホンモノに会いに行くのは、とんでもなくめんどうくさいことです。

それでもホンモノに会いに行く価値は十分あります。

ホンモノから伝わってくるものは、カタログの便利さでは伝わってこないのです。


美術館に行っても、ホンモノをほとんど見ない人がいます。

「後でカタログで見ればいいから」と言うのです。

その人が見ているものは、説明が9割、絵が1割です。

最後にミュージアムショップでカタログを買って、家で見て、「ああ、こういう絵なんだ」と納得して終わりです。


それなら説明は読まなくていいから、絵を見ておいたほうがいいのです。

実際に見ることで、「この絵はこんな大きさなんだ」ということがわかります。

今は印刷技術が進んでいます。

自分の価値に気づくために

19

カタログではなく、ホンモノを見よう。

印刷のカラー技術は、美術カタログで進化しました。
カタログでも正確な色は出ていますが、何か違います。
カタログで見た後にナマで見ると、「こんな色だったんだ」と思います。
ナマの絵から目に入ってくるものは、やっぱり違うのです。

20 カタログは、情報は伝わるが、会話ができない。

ルノワールの『イレーヌ・カーン・ダンヴェール嬢』は、私が小学生の時に初めて買った絵です。

昔、小学校の裏にレプリカの絵を売りに来る人がいて、500円で買ったのです。

先日、同じものがミュージアムショップで、700円で売られていました。

「50年近くたっているのに200円しか上がっていない。それってどうなんだろう」と思いました。

私は、東京で開催されたビュールレ・コレクション展を見に行って、『イレーヌ・カーン・ダンヴェール嬢』の絵に初めて対面しました。

そして、「小学校の時に君を買ったんだよ。僕の机の前に貼っていたんだよね」
という会話をずっとしながら、私は恥ずかしさを感じました。
生身の人間に会うのと写真で見るのとは違います。
それと同じような感覚を覚えたのです。

講演も、話を聞きに行くのではなく、生身の人間に会いに行っているのです。
今はユーチューブで多くの動画が公開されています。
それは、限りなくリアルに近いけれども、限りなくリアルと違うのです。
生身の人に直接会うことで、その人の勢いを感じます。
いわゆる「謦咳《けいがい》に接する」ことが大切な時代になってきたのです。
バーチャルのクオリティーが上がれば上がるほど、リアルとの決定的な違いが
生まれます。
私は、『イレーヌ嬢』の絵の前で、「ここに長居すると、ちょっと恥ずかしいな」
という気持ちが湧いてきました。

このままでは、閉館までずっといることになります。

絵は、ちょうど会場の真ん中にありました。

私は出口まで行って、ひと通り見た後、帰る時にもう一回戻って、「帰るね」と挨拶して帰りました。

ビュールレ・コレクションは、この後、スイスの美術館所蔵になるので、二度とスイス国外に出ない可能性があります。

一生会えないかもしれないなかで、万感の思いを込めて「帰るね」と言ったのです。


ナマのものとの間には、無言の会話があるのです。

自分の価値に気づくために

20

「ナマ」と会話しよう。

21

映画館で見る映画は、ビデオより感動が大きい。

私は大学時代、月１００本の映画を見るというノルマを自分に課していました。

１日３本では90本なので、１００本には届きません。

金・土はオールナイトで、金曜と土曜は昼と夜、日曜は昼に見るということをしないと届かないのです。

当時は、レンタルレコードはありましたが、レンタルビデオはありませんでした。

映画は、映画館で見るしかなかったのです。

フェデリコ・フェリーニの『８《はっか》　１／２《にぶんのいち》』を見るために、フィルムセンターで朝から並びました。

当時のフィルムセンターの座席数は210です。

上演は3時と6時の2回あって、朝から並んでいるのに夜の回しか入れませんでした。

研究者とマニアがたくさん来ているのです。

その中に伊丹十三《いたみじゅうぞう》さんもいました。

バイクスーツを着て、ヘルメットを持って、背の高い人がスッと立ち上がったなと思ったら、伊丹十三さんなのです。

「勉強しているんだな。カッコいいな」と思いながら見ていました。


あの待ち時間はムダです。

今はレンタルで、100円くらいで『8 1/2』を借りられます。

しかも通販レンタルまであります。

映画館とレンタルビデオとでは、緊張感が違います。

映画館で見ると、話の筋は同じでも感動が大きいのです。

画面が小さいとか、そういうことではありません。

ビデオは、止めたいところで止められます。

そこに油断が生まれます。

映画館では、肝心なところでトイレに行くと、話がわからなくなります。トイレから戻ってきて、意外な展開が起こっていても、何が起こったかわかりません。

どこでトイレに行くかを考える緊張感もあるし、「見逃した」という緊張感もあるのです。


私の映画好きのたった1人の親友が、『世界から猫が消えたなら』をナマで見たの？　うらやましい。僕はインフルエンザで見られなかったんだよ」と言っていました。

今の時代、いくらでもＤＶＤを借りて見られます。

私の大学時代にレンタルがあったら、レンタルで見てしまっていました。

郵便はがき

料金受取人払郵便

牛込局承認

3041

差出有効期間
平成32年7月
31日まで

162-8790

東京都新宿区原町3-61 桂ビル
株式会社　現代書林
「元気が出る本」出版部
『チャンスは「ムダなこと」から生まれる。』
ご愛読者カード係 行

フリガナ お名前	年齢　　歳 性別（ 男・女 ）
ご住所 〒 TEL （　　） FAX （　　）	
ご職業	役職
ご勤務先または学校名	
ご購入書店　　市　　書店	ご購入日　　月　　日

小社の新刊情報等の送付を希望されますか。（ご希望の方は、メールアドレスをご記入ください）

1 希望する　　2 希望しない

Eメールアドレス

現代書林の情報はhttp://www.gendaishorin.co.jp/

チャンスは「ムダなこと」から生まれる。

現代書林の本をご購読賜り、誠にありがとうございました。弊社の今後の出版企画の参考とさせていただくため、下記の質問にお答えください。また、本「ご愛読者カード」を参考資料として著者に提供してもよろしいでしょうか。

□承諾する

●お買い求めの動機をお教えください。

1 著者が好きだから　2 人にすすめられて
3 タイトルが気に入って　4 装丁が気に入って　5 店頭で見て
6 新聞・雑誌の広告を見て（掲載紙誌名　）
7 書評・紹介記事を見て（媒体名　）
8 SNS・ニュースサイト等のネット情報を見て（　）
9 その他（　）

●本書をお読みになったご意見・ご感想、中谷彰宏さんへのメッセージなど、ご自由にお書きください。

※あなたのご意見・ご感想を新聞、雑誌広告や小社あるいは著者のHPなどで……

1 掲載してよい　2 掲載しては困る　3 匿名ならよい

●「こんな本が読みたい」という著者や内容をお教えください。

ご協力ありがとうございました。

それができなかったのが、よかったのです。
そのムダなエネルギーは、効率では得られません。
DVDではなく映画館で見ることに重みがあるのです。

自分の価値に
気づくために

21

レンタルではなく、映画館で見よう。

22

眠っている間に、体も脳も、メンテしている。

私は梶原一騎《かじわらいっき》的な根性の世界で育ち、今もそこで生きています。

人が寝ている間に勝負がつくと思って育ってきたのです。

寝ることには罪悪感があります。

睡眠時間は、いくらでも削れます。

「寝なさい」と言われると、逆に抵抗感があるのです。

ある時、頭を切り替えて、「寝ている間に体も脳もメンテしている」と考えるようにしたら、眠ることに罪悪感を持たなくなりました。

眠ることはムダではありません。

眠ることにも価値があります。

私は、寝る前に自分に宿題を出しています。

たとえば、「今度、ムダについて書くんだけど、ムダってなんだろう。ムダはムダじゃないよね」ということを、寝ている間に脳に考えてもらうのです。

この本のレジュメは、夜中にフワッと目が覚めてメモしたものです。

寝ている間に脳が考えてくれるから、脳と二人三脚でつくったものです。


そう考えれば、脳の作業する時間もつくる必要があります。

「起きている間と寝ている間でリレーしている」という意識が、寝ることへの罪悪感をなくすための大きなアイテムです。

起きている時は意識が過剰に働くので、パターンにハマります。

今まで培ってきた意識の力が強すぎるのです。

寝ている間はその意識が緩むので、無意識のところでミクスチャーが起こります。

これを生かすのです。

私の本は、ほとんどがベッドの横のメモででき上がっています。

「やっぱりこうしよう」とか「やっぱりこうだな」と思いつくのは、ベッドの横のメモです。

目が覚めた時にアイデアを思いつくのではありません。

アイデアが目を覚ましてくれるのです。

走り書きしているので、後から読もうとしても読めないことがあります。

ボールペンは、朝、明るくなって見てみると、跡しか残っていません。

暗いところで寝転がって書くので、インクが出ていないのです。

だから私は鉛筆で書いているのです。

自分の価値に気づくために

22

眠ることに、罪悪感を持たない。

23 100回言ってわからない部下に、初めて言うように101回言う。

教育とは、水に文字を書くようなものです。

砂に文字を書くなら、流されてもまだ残ります。

水に書いた文字は、書いても書いても流れていくのです。

言っても言っても、相手に入らないのが教育です。

それはムダではありません。

「お節介」とか「ほっといてくれ」と思って言われていたことが、今、私の身についています。

私は、自分でも笑ってしまうぐらい昔の上司と同じことを言っています。

私が言っていることは、すべて上司の言ったことであり、親が言ったことです。

当時は「うるさいな」と思って聞いていたことです。

「ハイ、ハイ、ハイ」と、全部聞き流して、メモも取っていませんでした。

それが繰り返されることによって、いつの間にか体に入っていったのです。

教える側は、「こいつにいくら言ってもムダだな」と思っていたはずです。


教えることは、めんどうくさいことです。

自分でしたほうが早いのです。

それでも教えることには意味があるのです。

お昼ごはんを食べている時に、隣の人が「人間の歴史は、どうして同じ過ちを繰り返すのか。人間は生まれてから死ぬまで毎回学習している。ゼロで生まれてきて、学習しても結局は死んでいく。だから繰り返すんだ」と言っていました。

私はその時、「確かにそうだけど、そこに『教える』という要素がある。教えることによって次の代は学んでいく。歴史は、一見、繰り返しているように見えて、そこに進化がある」と考えました。

自分の価値に気づくために

23

人を育てよう。

「あなたはどう思う？」と聞かれていないのに、答えている自分がいるのです。

人を育てることには意味があります。

そのようにして、自分も育ててもらったのです。

101回目に言う時も、初めてのように言うことです。

「いつもさんざん言っているけどさ」とか「何回言わせるんだ」と言わないことが大切なのです。

24

やりがいは、ムダなことをする中にある。

「仕事にやりがいがほしい」とか「やりがいが感じられないから面白くない」と言う人がよくいます。

やりがいは、効率の中にはありません。

効率よくしているから、やりがいがないのです。

やりがいは、ムダなことをするところに生まれてきます。

ムダなことは自己満足です。

これが、「当番」と「係」との違いです。

掃除当番は、サボるほど得です。

わからないところは、しないでおきます。

手間が省けたらラッキーです。
飼育係は、台風の時は休みの日でも見に行きます。
自分の飼っているニワトリが心配だからです。
ここにやりがいを感じるのです。

私が給食係をしていた時は、クラスの45人にドンピシャで分けることに命をかけていました。

具はいろいろなので、ピッタリに分けるのは難しいのです。
みつ豆とか杏仁豆腐は、みんなが好きなメニューです。
これを45人に不具合がないように分けるのは、なかなか大変です。
そこは頑張らなくてもいいところです。
そんなことを考えて給食係をしている人は誰もいません。
そこにやりがいを感じるのです。
私は給食がけっこう好きでした。

でも、家の食卓に出ないものは苦手です。

最初はチーズが苦手でした。

どうやって食べようかと、とりあえず机の中に置いておきました。

ある時、給食にハチミツが出ました。

チーズにハチミツをつけてみたら、これが合うのです。

実際、イタリア料理では「チーズにハチミツ」という組み合わせがあります。

それを給食で見つけたのです。

そんなことは、考えなくてもいいムダなことです。

それを考えるところに、やりがいがあるのです。


「やりがいがほしい」と言う人は、ムダを省いて効率よくしようとするから、よけいやりがいが生まれてこなくなります。

ジグソーパズルのピースを減らすのと同じことをしているのです。

仕事は、難しくなることより、簡単になることで楽しくなくなります。

単調さは、複雑さより、もっと苦痛なのです。

時間が経つのが、遅くなります。

一見、単純作業でも、手間をかけるということで楽しくなります。

効率よく、手間をかけるということはできません。

ムダなことをすることで、手間をかけることができるのです。

ムダな手間から、楽しみが生まれるのです。

ムダな手間をかける人は、ほめられるからしているわけではありません。

ムダな手間をかけることで、自分が楽しくなることを知っているから、しているのです。

自分の価値に気づくために

24

ムダなことをして、やりがいをつくろう。

25
気づかれない親切で、自己肯定感が上がる。

健康に一番大切なものはなんでしょうか。
睡眠・食事・運動・ストレス除去など、いずれも大切です。
一番効果があるのは、「人と関わること」です。
だからといって、サークルに入ればいいかというと、そうではありません。
サークルに入ってストレスが生まれたら、逆にストレスが増えてしまいます。
たとえば、知らない人に親切にしてみます。
「親切にしても感謝されないのはストレスじゃないですか」と言う人がいます。
そうではありません。

気づかれない親切をすることで、自己肯定感が上がるのです。

感謝されるための行為は「親切」とは言えません。

倒れている自転車を見たら、起こしてあげます。

自分で落としたゴミでなくても、拾います。

町では空き缶とかたくさん落ちています。

それを捨てようとすると、手が濡れます。

近くにゴミ箱はありません。

そんなことをしても、誰も感謝しません。

この時、自己肯定感が上がるのです。


中谷塾で8時間の授業をした後、個人レッスンで憂いに満ちた人のお話をお聞きしました。

私はヘトヘトです。

いつもは座らない電車の席も、空いていたので座りました。

その後、梅田で人がドッと乗ってきて、目の前におばあさんが来ました。
疲れてはいましたが、「どうぞ」と言って席を立ちました。
立つと元気が出ました。
自己肯定感が上がるからです。
あの時、寝たフリをしていたら、疲れは取れていませんでした。
人に関わることが健康に一番いいのです。
ムダな親切をすることで、自分が元気になるのです。

自分の価値に
気づくために

25

気づかれない親切をしよう。

26
盛りつけを、考える。

私の実家は、父親の店を母親が手伝っていました。

私には2歳下の妹がいます。

ある時、母親に「妹にごはんをあげておいて。カレーつくってあるから」と言われました。

私は、よく町の映画館に行って、帰りに喫茶店に寄ってカレーを食べて帰ってきたりしていました。

家のカレーは、ごはんの上からルーがかかっています。

喫茶店のカレーは、ごはんとルーが左右に分かれています。

それも斜めに切った分け方です。

私がその喫茶店のカレーの盛りつけをすると、妹は「お店みたい」と言いながら、それを全部混ぜて食べました。

お店みたいな盛りつけをしても、どうせ混ぜて食べるのだからムダなことです。

なくてもいいことを考えるのが、デザインです。

私の実家は染物屋です。

染物もデザインなので、いらないことを考えるのです。

自分の価値に気づくために

26

盛りつけに、こだわろう。

27 壊れていなくても、オーバーホールする。

世界的に有名な高級腕時計ブランドで働いている男性が、「時計を愛している人は、故障する前にオーバーホールを定期的にします」と言っていました。

こういうお客様は、お店の人に愛されます。

壊れてから持って来る人は、お店の人に愛されません。

お店の人に「電池が切れたので、オーバーホールもしておきましょうか」と言われて、「それは壊れてからでいい」と言う人の時計には、たいてい純正品ではない電池が入っています。

町の時計屋さんで電池交換している人は、一発でわかるそうです。

「どこかで電池交換されました?」と聞かれて、「ここでしかしていない」とウソをつく人は一番嫌われます。

「ごめん! ちょっと急いでたから、近くの店で交換しちゃった」と言えればまだいいのです。

壊れた時も、「何もしてないのに壊れたのだから、無料《タダ》だろう?」「何もしてなくて壊れたのに。エッ、お金払うの?」と、横柄な言い方をする人は嫌われます。「落としちゃったんだ。ごめんね。時間かかってもいいし、いくらでも払うから」と言うお客様には、お店の人も「早く、安くしてあげたい」と思います。

私も、あるブランドショップのリペアコーナーで、お客様が「エッ、お金かかるの?」と言っているのを聞いたことがあります。

この発言が嫌われるということに、早く気づく必要があります。

モノの愛し方、モノとの接し方は、その人の人間との接し方が全部出ます。

オーバーホールの費用は、5~10万円ぐらいかかります。

時計は、それくらい素晴らしい精密機械なのです。

定期的なメンテナンスが、そのモノを愛しているという証《あかし》になります。

故障してからメンテナンスするのでは遅いのです。


これは、自分の体にも同じことが言えます。

具合が悪くなってから病院に行くのでは遅いのです。

具合が悪くなる前に、常にオーバーホールしているほうが、お金もかからないし、愛があります。

定期健診に行って、「結局何も見つからなかったよ」とムッとする人がいます。

そのムダが健康管理なのです。

何もなかったらそれでいいし、見つかったら見つかったでいいのです。

なかには「いや、見つかったらイヤだ」と言う人がいます。

歯医者に行って、「虫歯見つけやがって。稼ごうと思ってるな」と言うのはおかしいのです。

「歯周ポケットがある」と、歯周病を見つけられる歯医者さんは優秀な名医です。

一流の人は、定期健診で虫歯が見つかっても、見つからなくても、怒ることはないのです。

自分の価値に気づくために

27

正規のお店で、電池交換しよう。

28

メンテから、味が生まれる。

今はモノの値段が安くて、メンテ代のほうが高くなっています。

お店の人に「これ、直りますか？」と聞くと、「買い直されたほうがお安いですよ」と言われることも多いのです。

高くついても、本当の職人さんは直してくれます。

そのモノを愛している人は、メンテの値段が高くても直します。

自分が使ってきたモノや、親から譲り受けたモノに対しての愛着があるからです。

もともと安く買って使っているモノ、交換可能なモノは、常にメンテするより新しいモノと代えようと考えがちです。

これは、人間関係にも出てしまいます。

「この人とうまくいかなかったら、ほかの人でいいか」と言う人は、人とのつきあい方が雑になります。

それは、常にリセットしていくという発想です。

リセットのほうがムダがなくて、効率的だからです。

一流になるためには、簡単にリセットしないで、踏ん張って仲直りすることです。

詫《わ》びを入れたり、埋め合わせをしたり、信用を取り戻す作業をしていくことで、人間関係をつくることのほうが大切です。

「ひとりの人と長くつきあっていくのはめんどうくさい」と言う人がいます。

「銀座のクラブで長いつきあいするのは、めんどうくさいじゃないですか。キャバクラなら、そのつど替えられるから、そっちのほうがラクでいい」と言うのは、効率を重視した考え方です。

人生においては、たとえめんどうでも、ひとりの人と長くつきあっていくことでしか生まれない何かがあるのです。

自分の価値に
気づくために

28

買い直したほうが安くても、メンテして使おう。

CHAPTER

4

ムダな遠まわりをする人に、楽しむチャンスが生まれる。

29 どんなムダをしているかが、個性だ。

よく「個性的になりたい」と言う人がいます。

効率化していくと、みんな同じになります。

個性は、その人がどういうムダをしているかで決まります。

トルストイの『アンナ・カレーニナ』の冒頭に、「幸せな家族はどこも同じ。不幸せな家族はまちまち」という名言があります。

幸せのパターンは、面白くないし、パッとしないので、結局みんな同じになります。

逆に、不幸せは独自の展開があります。

たとえば、ワイドショーで人の不幸せが視聴率を取るのは、バリエーションが多いからです。

「そんなことがあるんだ！」「そういうことか！」「そんなややこしいことが起こっているんだ！」という反応は、憧れの裏返しです。

幸せはワンパターンです。

自分に個性をつけたいと思うなら、「それはしなくていいでしょう」というムダなことをすればいいのです。

「頼まれてもいないのに考える」というのが私の個性です。

本を1000冊書くのは過剰です。

過剰は、一種のムダです。

しなくていい過剰なところに、その人の個性が生まれるのです。

日常の中には、省略できることはたくさんあります。

省略して効率的になればなるほど、みんなと同じひとつのパターンにおさまって、個性が失われてしまうのです。

自分の価値に気づくために

29

ムダから、個性をつくろう。

楽しくないという人は、まだムダの数が少ないことが原因です。
最初は、なんとも思わないことが、数が増えてくると、面白くなります。
たくさん集まることで、見えてくる世界があるのです。
一つひとつの値打ちは、数が少ないとわかりません。
数が、たくさん集まることで、価値が浮かび上がってくるのです。
今していることが楽しくないと思ったら、減らすのではなく、増やすことです。
楽しいから、過剰になるのではありません。
過剰だから、楽しくなるのです。
楽しみは、過剰の中にあるのです。

30 観光コースはムダがない。ムダが旅を面白くする。

旅行に行くと、名所旧跡のメインコースはパターンが決まっています。

「パリへ行ったらここに行く」「ローマへ行ったらここに行く」と、名所旧跡めぐりツアーの市内観光をすれば効率よくまわれます。

ツアーではなく、自分ひとりで観光すると、効率は悪くても、地元の人が行くお店や観光客が行っていないところへ行けます。

朝、まだ仕事が始まらないうちは、ホテルのプールにいると、地元の人と仲よくなれました。

日本人で、プールにいる人はまずいません。

ほとんどの人が買い物や観光に行っているからです。
みんなが行かないプールに行くことで、そのホテルに泊まっている人や、従業員の人と友達になる機会が生まれるのです。

自分の価値に気づくために

30

観光コース以外に行く。

31 大学浪人から、新たな展開が生まれる。

コースからはずれてドロップアウトすると、「人生をムダにしている」と思われがちです。

大学浪人はムダです。

それでも私は、もう1回人生をやり直すとしたら、2年駿台《すんだい》に行きます。

浪人して得たものは大きいと感じるからです。

当時は「浪人して、なんか遅れたな」と感じていました。

駿台の桑原先生が、「浪人の1年や2年なんていうのは、長生きして取り返せばいいんです」と言っても、「どうせ自分はおじいさんでしょう」と思いながら聞いていました。

浪人せずに大学に行っていたら、せっかくのオプショナルツアーを逃がしていたところでした。

浪人していなければ、文学部にも行っていません。

浪人している間に、自分のしたいことが変わっていったからです。

私は、初めは東大→大蔵省のコースを考えていました。

「オレが口をきいてやるから、○○という政治家のカバン持ちをしろ」と言われて、東大の経済学部から大蔵省に入って、カバン持ちをするというコースまで決まっていたのに、試験に通らなくて、余計なことばかりしていました。

浪人している間に、映画監督になろうかなと目覚めてくるわけです。

高校生の時は、「文学部は女の子が行くところ」というイメージがありました。

同級生の欣太《きんた》君が京大の文学部に行くと聞いて、「終わったな。あいつ」と思ったほどです。

欣太君は、鉄棒が得意で大車輪をしていました。

「大車輪しているから、欣太君はブレたね。文学部は女の子の行くところだよ。野村君を見てみろ。野村君ですら、京大法学部を出て、将来、お好み焼屋をすると言っているんだよ。文学部なんて、欣太、終わったよ」と思っていた私が、まさか文学部に行くとは思っていませんでした。

早稲田大学に合格したのは、当時つきあっていた彼女の付き添いで受験したオマケです。

親に「お金を納めておいて」と言われて、私は東大の経済学部に行く予定だから、同じ経済学部ではムダづかいだと考えて、早稲田の文学部に納めることにしました。

受験票は捨ててしまい、手元にありませんでした。

彼女が、受験票がなくても受験番号で入学できると聞いてきたので、「文学部に半分行って、駿台に半分行って浪人をもう1年しよう」と、早稲田の文学部で授業を受けることにしました。

文学部は、自然科学・社会科学・人文科学の3つが必須科目です。

人文科学の授業は、「こんな遊びのようなものでなんで単位が取れるんだ。面白すぎる」と思いました。

それに対して、社会科学は、「なんだ、このうじうじした面白くないのは。私は経済学部でこれを勉強しようとしていたのか。やめた！」と、つまらなく感じました。

その結果、「来年の東大受験は経済学部じゃなくて、文学部へ行って美学を勉強しよう」と大いなる方向転換をしたのです。

自分の価値に気づくために

31

落第しよう。

32 脇役が、主役を立てる。

映画は、主役だけではうまくいきません。

映画で主役が立つのは、脇役に演技力があるからです。

中井貴一さんのお父さんの佐田啓二さんは、二枚目俳優です。

最初に主演男優賞を取りました。

その時のスピーチで、「これから修業して、助演男優賞を取れるように頑張ります」と言ったのです。

主演男優賞は、脇役の名優の皆さんが取らせてくれるものだからです。

それぐらい、主役と脇役は違う役割があるのです。

ゲイバーに行くと、「エッ?」とインパクトのあるオネエさんがいます。

そのオネエさんがいることによって、相対的な部分で、別のオネエさんがきれいに見えるのです。

CMの撮影で地方ロケに行くと、仕事の後の楽しみがありません。

どんな地方にもストリップ劇場はあります。

劇場前にロケバスでつけると、交渉係は私です。

「すみません、20人なんですけど、安くなりますか」と言うと、「大勢で来てくれるならちょっとオマケしておきます」と、交渉にのってくれます。

劇場の中に入ると、みんなやる気満々で、最前列に行きます。

最初のストリッパーの女性が出てきた瞬間に、「親孝行しなくちゃ。田舎のおふくろに連絡してないな」と、思い出すような状況になるのです。

若い子が出ないと、みんな急に後ろに下がってしまいます。

一番最後に若い子が出てくるのです。

そうすると、「チョーきれい!　こんなアイドルみたいな子がいていいんですか」と喜びます。

お客様は、主役と脇役のストリッパーの落差に振りまわされているだけです。

これが劇場の演出です。

すべての人に役割分担があるということです。

最初からかわいい子が出てくると、何か違う感じがします。

期待があって、裏切られて、さらにその裏切りで出てくるという落差に惹《ひ》かれるのです。


あらゆる場面において、引き立て役、脇役はムダではありません。

ゲイバーやストリップ劇場に引き立て役がいてくれるおかげで、ほかの人がもっときわ立ってよく見えるのです。

色の配置も同じです。

きらびやかでない色は、ほかの色を立てるためにあるのです。

全部がきらびやかでは、結局どの色もきわ立ちません。

ホストクラブでも、全員が同じキャラではトップが目立たないのです。

ロン毛・スキンヘッド・お笑い担当・シリアス系……、キャラがみんな割れていることによって、お互いが立ちます。

どこにもムダな人はいないのです。

自分の価値に気づくために

32

脇役を、大切にしよう。

33

ムダなものには、価値がある。能力ではない。

ムダなものには、能力はなくても価値があります。

歌のヘタな人がいることによって、歌のうまい人が立つのです。

歌のうまい人だけを集めてカラオケに連れて行くと、得意先への接待ができません。

得意先が歌いにくくなるからです。

歌のヘタな人を連れて行くと、得意先が歌いやすくなります。

これが、能力ではなく価値です。

能力がなくても、価値は全員にあります。

経済や文化が未成熟の段階は、「美男がいい」「美人がいい」「頭のいい人がいい」といった一律の価値観しかありません。

ここに、「お笑いができる」「スポーツができる」「優しい」「面白い」「安心できる」という、いろいろな価値軸が生まれることによって、能力ではないところが救いになります。

ひとつの価値軸で考えると、それ以外のものはムダと捉えられます。

多様性の時代の価値軸では、世の中にムダなものはひとつもありません。

私は子どものころ、運動会の障害物競走が好きでした。

障害物競走は、足の速さを逆転できるのです。

私が得意だったのは、ドンゴロスをくぐり抜けることです。

ドンゴロスは、分厚い麻の米袋です。

今の世の中は、障害物競走のようなものです。

昔は、一様性なので徒競走だけでした。

障害物競走はパン食い競走もあれば、スプーンに卵を乗せる競走もあります。
世の中のレースが変わってきたのが多様性の社会です。
そうすると、足が速いだけでは勝てません。
ムダなものにもチャンスが生まれてきました。
ムダなものを排除すると、足の速い人の勝ちになります。

一番運動神経の差があらわれるのが、道具を持たないことです。
器械体操はごまかしがききません。
長距離走は、トレーニングするといくらでも心肺機能がついていくので速くなります。

長距離走は、家が遠い人の勝ちなのです。
単純です。
家が遠いことがトレーニングになるのです。
ムダなことで、人生のあらゆる逆転をするチャンスが生まれます。

さらに、家が遠いと友達ができます。

下校する時に「一緒に帰ろう」と誘うからです。

学校の裏に住んでいる人は、友達ができにくいのです。

通学路が短いからです。

私は中学校が遠くて、徒歩で30分かかりました。

学校は駅からも遠かったです。

家から駅まで12分、電車が4分、駅から学校まで15分かかります。

結局、電車を使わずに歩いて帰ってもたいして変わりません。

家が遠いので、どんなコースでも帰れました。

「今日はこの友達と、こっち側経由で帰ろう」「今日はあの友達と、あっち側経由で帰ろう」と、毎日違う道を通ることができます。

自転車に乗る友達の横を走って帰ることもあります。

自転車に乗る人が、歩きの人と帰る時は、自転車を降りて押せばいいのです。

会社が遠くて、通勤時間が長いとこぼしている人がいます。

学生時代、学校の近くに住んでいる友達をうらやましく思いました。

後で聞いたら、学校の近くに住んでいる友達は、遠くに住んでいる友達がうらやましかったそうです。

近くに住んでしまうと、寄り道ができないからです。

学生時代に友達ができるのは、家が遠いことがキッカケになるのです。

自分の価値に
気づくために

33

能力より、価値を大切にしよう。

34

魅力は、短所にある。

短所は、ムダなものです。

短所を直していくと、その人の味がなくなります。

魅力は、ムダなところにあるのです。

「あの人はお節介だ」「短気だ」「口うるさい」「教え魔だ」というのは、全部短所です。

その人が短所を直しても、魅力的になるどころか、「結局つまらなくなったね」となります。

頑固オヤジは、頑固であることが存在理由なのです。

頑固オヤジが優しくなると、「お迎えが近いんじゃないか」と言われます。

正解から一番離れたところが短所と言われるのです。

食べ物屋さんで言えば、ほかのお客様が魅力に感じないところを「いい」と言ってくれるお客様もいるわけです。

世の中すべての人が正解に近寄っていくと、すべてのラーメン屋さんが同じ味になってしまいます。

薄味が売りのところもあれば、濃い味が売りのところもあって、辛い味もあれば、魚味もあります。

個性は、長所ではなく短所にあります。

長所だけが多様性ではありません。

短所も多様性になるのです。

人間が効率を求めて、すべての短所をそぎ落としていくと、世の中の変化があった時に弱くなります。

やがて絶滅します。

自分の価値に気づくために

34

短所を、直さない。

短所や弱点を補うところに、その人の強みが生まれるのです。

世の中はどんどん変化していきます。

その中で、いろいろな人がいることによって生き延びることができるのです。

地球上では、大昔からいる昆虫が一番多様化しています。

種類が減ってくるのは、効率的な反面、変化には弱いのです。

自然界においては、変化に合わせてムダな多様化していくことが大切なのです。

35 ムダな遠まわりの動線に、味わいがある。

お茶室は、外露地《そとろじ》・内露地《うちろじ》と言われる曲がりくねった露地を通らないとたどり着けません。

お茶室の手前にある「待合《まちあい》」で少し座って、主人の準備が整うまで待ちます。

「行く時間、わかってるだろう。準備しとけよ」と言うのは、効率だけを考える人です。

ここでお客様に庭を味わってもらい、今まで外にいた社会生活のざわざわした気持ちをカットしてもらうことが大切なのです。

南青山に根津美術館があります。

ここは隈研吾《くまけんご》さんの設計で、遠まわりする動線として、竹の間を通る道がつくってあります。

それが、青山という観光客でにぎわっている繁華街からの結界《けっかい》になっています。

美術館の味わい方は、このアプローチが勝負です。

ムダが、今までの気分を切りかえる役割があるからです。

千利休《せんのりきゅう》は、外露地・内露地という2つの露地をつくることによって、「外の気分を切りかえてくださいね。これからまったく別のところへ行きますよ」と言っているのです。


中国の一流料理店に行くと、個室の部屋にたどり着くまで、「こんなに歩いたら、普通は向こうの道へ出ているはずなのに、まだ行くんですか。ここはどれだけ大きいんだろう」と驚きます。

一方で、帰りはすぐにお店の外に出られます。

最初は、わざとぐるぐる歩かせて、遠いところへ来たように思わせているだけです。

実際の全体の面積は狭いのです。

動線でだまされます。

「うまいな、これが中国のつくりなんだな」と感心するほどです。

それほど奥まったところへ連れて行くことが、お客様に対しての特別のサービスと考えているのです。

自分の価値に気づくために

35

遠まわりの動線を、味わおう。

36

ムダな空間に、高級感がある。

高級なお店は、モノが置かれていないムダなスペースがあります。

長いカウンターにも、モノが1個しか置かれていません。

オシャレでない成金さんのお宅に行くと、カウンターの上にモノがびっしり置かれています。

じゅうたんは、まるで十二単《じゅうにひとえ》のように3枚ぐらい重ねてあります。

部屋の中には、「家具屋さんですか?」と言いたくなるほど、値段の高いモノがズラッと並んでいます。

それなのに高く感じないのです。

モノがぎゅうぎゅうに置かれていると、高級感は出ないのです。

モノが置かれていないムダな空間が高級感をつくります。

高いお店か安いお店かを判断するのは簡単です。

高いお店は、置かれているモノが少ないのです。

「こんなに家賃の高い表参道で、なんでここにポツンと1個しか置かないんだ」というのが高級感です。

安いお店は、モノがびっしりあって、天井からもぶら下がっています。

ジャングル状態のディスプレイになっているのです。

私は、一流旅館に行ってアドバイスする時に、まず「フロントのカウンターにチラシを並べるのはやめましょう」と言います。

設計者は、一枚板のすごくいい木を使っています。

そこに「ちょうど空いているから」と、マッサージやオプショナルツアーのチラシを並べてしまうのです。

そのスペースにモノを置くのはNGです。

向田邦子《むこうだくにこ》さんは、「テレビドラマで庶民の家を表現するのは簡単」とおっしゃっていました。

庶民の家は、天井までモノが詰まっているからです。

ちょっとしたスキ間があると、いい具合にそこに何かが置かれているというのが庶民の家の表現です。

モデルルームがオシャレなのは、モノがびっしり置かれていないからです。

ホテルに行くと高級に感じるのは、日用的なモノが置かれていないからです。

高級感を出すコツは、スキ間にモノを詰め込みすぎないことです。

収納上手になればなるほど、高級感が出なくなります。

収納はムダを省くのです。

「この狭いスペースにもこれが置けますよ」と、モノがうまくおさまると高級感が消えます。

これが効率です。

家からモノが減らない人は、収納上手な人です。

自分の価値に気づくために

36

スキ間に、詰め込みすぎない。

少しでもスキ間があると、紙袋が入っていたりします。

高級感を出すためには、収納ベタになってモノを少なくすることが大切なのです。

37

天井の高さに、神様が宿る。

私は、ホテルでダンスのレッスンを受けています。
先生がホテルの宴会場を借りているのです。
ホテルのよさは、天井が高いことです。
空いている宴会場でレッスンをするので、狭いスペースの時もあります。
ダンスをするのに、部屋の広さはまったく関係ありません。
ただし、天井の高さが必要です。
オフィスを選ぶ時も、基準は空気の量にします。
風通しがいいことが、まず第一条件です。
今のビルは風通しが悪いのです。

密閉度が高いからです。

高層になればなるほど、景色はよくても窓があけられないので、空気の量が少なくなります。

そのためすごい圧迫感があります。

「ここから花火が見えますよ」と言われても、音がナマで聞こえないと、花火感がありません。

花火の醍醐味《だいごみ》は音の振動です。

音なしに光っているところだけ見ても、花火感がまったくありません。

音を消してモニターを見ている感じです。

隅田川沿いにあるビール会社のビルで、招待してもらって隅田川の花火を見た時は、みんなテレビ中継を見ていました。

打ち上げられた花火は真横に見えます。

それなのに音が聞こえないから、テレビを見てしまうのです。

花火は、空気の振動で伝わる音が大切なのです。

福岡ヤフオク！ドームに行くと、上のほうの部屋がＶＩＰルームになっています。

ＶＩＰルームから試合は見られるのですが、みんな部屋の外に出ています。

球場の太鼓のドンドンドンという音とワーッという歓声のうねりは、部屋の中にいるとわかりにくいのです。

球場に行った時は、ワーッといううねる歓声を味わうことが楽しいのです。

日本の家屋と外国の家屋とでは、部屋の平米数ではなく天井の高さが違います。

高級なホテルは、天井がムダに高くとってあります。

日本のオフィスは、天井が高いと、「ここ、中２階で席をつくれるよ」と、少しでも多くの席をつくろうとします。

天井の高さは、効率化していくとどんどん低くなります。

天井の高い部屋、風が通って空気が動いているオフィスは、大勢の人がいても平気です。

部屋から見える外の景色のよさだけではなく、部屋の中の空気の流動量を見ることが大切なのです。

自分の価値に
気づくために

37

風通しのよさを大切にしよう。

CHAPTER

5

見返りを期待せず動ける人に、運と出会うチャンスが生まれる。

38 ムダなことをすることが、サービス。支払い後のお客様にお茶を出す。

必要なことをするのが、サービスではありません。

繁盛するお店では、会計が済んだ後にお茶が出てきます。

このサービスがうまいのです。

会計が済んだお客様に飲み終わっているのに、お茶を1杯注ぎに来るのです。

お客様が飲まないのは知っています。

それでも注いでくれるのはうれしいとわかっているのが、中国のサービスの一枚上手なところです。

これがムダなところです。

効率を重視するお店は、お客様に早く空けてもらいたくて、「お茶なんか出したら、また粘られるだろう。次のお客様が座れないから回転が悪くなるじゃないか」と考えます。

結果として、売上げが下がります。

お客様が来なくなるからです。

常連のお客様も増えません。

たとえもう1杯お茶を出しても、お客様はそこで長居しないのです。

長居されても、お店のファンになってもらえます。

お店の回転をよくすることより、支払いの後にお茶を出すというムダなサービスができるかどうかが、お店の売上げを左右します。

クルマを買った後に「その後、クルマの調子はいかがですか?」と言われると、お客様は「買い替える時もここで買おうかな」と思います。

商品を売ったら「ハイ、終わり」という感覚では、売上げは上がらないのです。

自分の価値に気づくために

38

支払いの後、サービスしよう。

子ども連れの人には、子どもさんにサービスをする。
ワンちゃんを連れている人には、ワンちゃんにサービスをする。
お金を払う人以外にサービスをするのは、一見ムダです。
お金を払わない人にするのが、サービスです。
隣のお店のお客様にも、挨拶をする。
自分のお店以外に来るお客様にできるのが、挨拶です。
隣のお店の前も、掃除する。
自分のお店以外のところもするのが、掃除です。

39

お金を払わない人に、サービスをする。

ホテルマンになりたい人に面接で動機を聞くと、「子どもの時にホテルマンの人がすごく丁寧に接してくれた」という理由が一番多いのです。

子どもはお金を払う人ではありません。

お金は親が払います。

子どもは、ホテルマンが優しくしてくれたことを永遠に忘れません。

子どもに見られたくないという気持ちがあるので、一人前の大人として自分に接してくれるとうれしいのです。

子どもに優しくすると、親も喜びます。

接待をする時も同じです。

接待される人が喜ばないと、接待した側は次からそのお店に行かなくなります。

「払うのはこの人だな」と思って、サービスマンが払う人ばかりに気持ちがいってしまうと、接待をされた側は満足しないのです。

カップルで男性が払う時も、女性を喜ばせる必要があります。

サービスマンが効率で焦ってしまうと、お金を払う人につい気持ちがいきがちです。

ペットを飼っている場合は、ペットに挨拶すると飼い主は喜びます。

ペットは、お金は払いません。

お金を払う人が喜ぶのは、お金を払っていない人が喜んでくれることです。

一流は、お金を払わない人にムダなサービスができるのです。

自分の価値に気づくために

39

子どもに、サービスしよう。

40 タイプではない人に、優しい人がモテる。

モテる人とモテない人の分かれ目は、自分のタイプでない人にも優しくできるかどうかです。

モテない人は、タイプの人にだけ優しいのです。

「彼女ができないんですけど、どうしたらいいでしょうか」と、Aさんから相談を受けました。

そこで私が「隣にタイプじゃない人がいるでしょう」と言うと、

「田中さんですか……、これはきついな」

「その田中さんに優しくするんだよ」

「マジですか。田中さんが勘違いして迫ってきたらどうしてくれるんですか」

「なんでそんな時だけ高飛車《たかびしゃ》なの」

というやりとりになりました。

これで、Aさんは、自分のタイプでない田中さんには優しくしていないことがわかります。

モテない人は、タイプの人にはすごく下から行くのに、好きではないタイプに高飛車なのです。

すごいピラミッドができ上がっています。

相手の職業がモデルと聞いた瞬間に、「バカにされる」と思い込みます。

相手の職業によっては、「なんだ、そんな仕事か」「なんでそんな人と一緒にしなければいけないいんですか」と、急に高飛車になります。

ダンスを踊る時でも、「うまい人と踊るとバカにされる」と思い込んでいます。

自分のタイプでない人に「なんであんなヘタな人と踊らなくちゃいけないいんだ」と言う人には、「おまえ、踊る人いないじゃないか」と、ツッコみたくなります。

それでは踊る相手がいなくなります。

これを数学で「解が空《くう》になる」と言います。

答えがなくなるのです。


飛行機の中でも、「キャビンアテンダントさんにモテたい」と言う人は、キャビンアテンダントさんに何かいいところを見せようと思って名刺を渡します。

モテる人は、おばあちゃんの荷物を上げてくれる人です。

この時に「わかりました。キャビンアテンダントさんの見ている時に上げればいいんですね」と言う人はＮＧです。

キャビンアテンダントさんが見ていることを確認している目線はバレバレです。

キャビンアテンダントさんが見ていない時はしない人だというのも伝わります。

タイプの人に優しく接するのは優しさではありません。

タイプでない田中さんに優しく接するのが優しさです。

そうすれば、田中さんも「あの人は感じがいい」と言ってくれます。

その情報が伝わることで、自分のタイプの人に「感じがいい」と思われるわけです。

キャバクラに行って、ヘルプの女性が「フルーツ食べたい」と言うと「ダメ。なんでヘルプのコにしなくちゃいけないんだ」と言う人がいます。

「普通はヘルプに対して冷たいのに、感じいい」という情報は、ヘルプの女性からナンバーワンの女性へ伝わります。

タイプでない人にどれだけ優しくできるかが勝負です。

一見ムダに見えても、ムダではありません。

「タイプでない人に優しくして、それが相手に伝わらなかったらどうするんですか」と聞く人がいます。

それは自己肯定感が低いからです。

一流は、自己肯定感が生まれるメンタル力があるのです。

自己肯定感が低いと、「ムダなこと」をしたくなくなります。

自分が、ますます損をしている気分になるからです。

「ムダなこと」をしないことで、「自分は器が小さいな」と、ますます自己肯定感が下がります。

これが、負のスパイラルです。

負のスパイラルを抜け出すには、まず「ムダなこと」をすることです。

「ムダなこと」をすることで、自己肯定感が上がります。

そうすると、ますます「ムダなこと」ができて、ますます自己肯定感が上がるという正のスパイラルに入れるのです。

自分の価値に気づくために

40

タイプではない人にこそ、優しくしよう。

41

余韻に、音が鳴っている。

余白と同じで、音にも時間的に余韻があります。

私が新人のころ、効果音をつくっている80歳になるベテランの大内さんが教えてくれました。

私はプロデューサー兼ディレクターで、CMの仕事を依頼する立場の責任者でした。

1分のCMでも、昔はデジタル合成ではなく、6ミリのオープンリールでつくっていました。

途中で効果音をたくさん使うので、4台のリールを換えながら、「せーの」で1回こっきりでつくります。

時間が漏れたら放送局が切ってしまうので、つくり直しです。

それをアナログで、「せーの」で一気につくることで鍛えられるのです。

デジタルは、「せーの」という緊張感なしに、編集が可能です。

あるコーヒーのCM制作で、「中谷さんもスイッチ押して」と言われました。

一番最後の録音の時に、私はナレーションのセリフを聞いてすぐにスイッチを押しました。

すると、時間どおりピタッと止まったので、私は「ヤッタ」と喜びました。

その時、80歳の大内さんと55歳のミキサーの辻さんに、「若いなぁ」と言われたのです。

私は最初、「若いから反応がいい」というほめ言葉だと思いました。

大内さんと辻さんが、「もう1回いく？」と言いました。

私が「エッ、なんでもう1回なんだ？　今のでOKじゃないか。ピッタリおさまったじゃないか」と思っていると、「余韻が切れた」と言われました。

ナレーションの最後の言葉の後の余韻が切れたのです。

私は、そこで初めて「ここに音があるのか」と気づいたのです。

「ダメだよ。中谷さん」と言われないことで、すごく教えられました。

音が鳴っていないところに音があるというのは、一種のムダです。


インタビューの編集をする時は、1時間まわしたインタビューを80秒に詰めます。


全体のワクは90秒です。

ラスト10秒はスポンサーからのメッセージがあるので、インタビューは80秒に詰める必要があります。

60分を80秒に詰めるには、いいところを取れば済みます。

インタビューをすべて聞いた人間としては、「このエピソードも使いたい。ここも使いたい。ここも使いたい……」と、会話をあちこち切り刻んで、60分をまず30分にします。

30分を20分にして、20分を10分にして……という詰め方をしていくのです。

きわめてムダな作業です。

50人分あると、1カ月かかります。

しばらくぶりに来た人に「1カ月前と同じ姿勢だね」と言われても、本人は気づきません。

本のインタビューでも、おいしいところだけを取って入れるのは簡単です。

全部を生かしたいと思うと、編集が大変になります。

ナマ声は要約ができないので、詰める時に、言葉と言葉のスキ間を取ります。

何かを言った時に「ウーン」と考えている時間はもったいないからと、その部分を詰めることにしました。

そうすると、味わいがなくなるのです。

「ウーン」と考えている時間に、その人の思いがいろいろ入っています。

これを取ってしまうと、その人の迷い、悩み、思い入れが消えてしまうので、「ウーン」を復活させることにしました。

これが、ゴミ箱のどこに落ちているかわからないのです。

リールを切った後だからです。

「この長さだよね」と言って、拾い上げたリールを鳴らしながら「ウーン」の部分を探してまわりました。

その仕事をした時に、「ウーン」も大切なんだと気づいたのです。

会話は何も言っていない時こそ、多くのことを語っているのです。

自分の価値に気づくために

41

余韻を楽しもう。

42

気づかれない見送りを、感じている。

私の両親がスナックを始めた時、母親はＯＬもしたことのない専業主婦だったので、父親が「見えなくなるまで、とにかく見送れ」とアドバイスしました。

お客様は振り返りません。

お客様は、酔っていても見送られていることを知っています。

見送る時は、曲がり角を曲がるまで見ておくことが大切です。

お客様が振り返らなくてもいいのです。

「振り返ったから、見ていてよかった」ではありません。

振り返らないところで見送るのです。

「見送っていたのに、あの人は振り返らなかった」と文句を言わないことです。

お客様は、気持ちの中で振り返っています。

目の端っこで見ているのです。


ここで大切なことは、相手に気づかれないことです。

時には、せっかくプレゼントしたのに気づかれないということもあります。

おもてなしがだんだん上達してくると、気づかれないことを喜ぶようになります。


「サービス」と「おもてなし」は違います。

サービスは、気づかれる喜びです。

おもてなしは、気づかれない喜びです。


役者の究極の喜びは「どこに出ていた？」と言われることです。

「中谷さん、どこに出てました？」

「30シーンに出ているんだけど」

自分の価値に
気づくために

42

気づかれないことをしよう。

「エッ、あれ中谷さんなんですか」

と言われるのが一番の喜びです。

それが役になり切るということです。

試写会で久しぶりに会ったプロデューサーに、「中谷さんは、ふだんはこうなんですよね」と言われるのもうれしいのです。

気づかれないムダなことをして喜ぶのが、一流なのです。

43 仕事に一見役に立たない教養で、差がつく。

教養が、ダイレクトにビジネスにつながることはありません。

本を読む時も、「この本を読んだら仕事に役に立ちますか？」と、仕事に役に立つ本を探さないことです。

そういう本は、目先のことには役に立つ可能性があります。

長い人生において、一流の人と知り合うためには、仕事に関係ない本をどれだけ読んでいたかで差がつきます。

仕事に関係あること・メリット・効果・効能があることばかりをするのではありません。

一見ムダなことでも実際は有効なことで、その人の人生を大きく変えるような出来事になります。

「これは、本当はしたくなかったんだけど、断り切れずにしちゃったんだ」ということが大きな仕事になったり、人との出会いになります。

「めんどうくさいからできれば断ればよかった。断り損なったな」ということがキッカケで、人生は大きく変わっていくのです。

自分の価値に気づくために

43

仕事に関係ない本を読もう。

44

空振りアラートで、予行演習する。

今、ミサイルや地震速報を、アラートを鳴らして伝えるシステムがあります。

私は消防大学校で幹部科クラスを教えています。

このアラートは、空振ると必ずクレームが出るのです。

「寝てられない」「空振りじゃないか。ちゃんとやれ」「あんなモノ鳴らすな」というのが、危機管理で一番危ないのです。

警報に慣れっこになってきた時に、本当の緊急事態が来るからです。

危機管理としては、ムダに空振ってでもアラートを出し続けることが大切です。

それで、みんなの準備が整っていきます。

空振ったら空振ったで、よかったのです。

「空振りだったけど、避難する段取りがわかった」ということが訓練になります。

アラートを出す側も、決してくじけないことです。

空振っていいのです。

「当たり」は一番困るわけです。

本当のミサイルが飛んで来たり、地震が起きたら大変です。

アラートの誤作動が起きたら、本気の訓練ができたと考えればいいのです。

アラートを出す側は、空振りにまったくクヨクヨする必要はありません。

アラートを出される側は、空振りに文句を言わないことです。

「ムダなことをするな!」と空振りに文句を言う人が、危機管理の一番危ないものをつくっているのです。

自分の価値に気づくために

44

空振りアラートに、ムッとしない。

45

ムダから、運が生まれる。

「運をつかみたい」と言う人は、ムダなことをすればいいのです。
運は、ムダなことから生まれます。
「そんなことから、こんなことが起こるとは思わなかった」というのが「運」です。
効率からは、運は生まれません。
「これをしたらこうなる」とわかっているのが「効率」です。
「これをしたら何が起こるかわからない」というのが「ムダ」です。
「ムダなことはしたくないけれども、運はほしい」というのは矛盾しています。
効率の中に運はありません。
できて当たり前だからです。

運のいい人は、ムダなことをたくさんしているのです。

そうすると、「ムダなことをしたら、いい運が来るのですね」と質問する人がいます。

その答えは、「わからない」です。

この人は効率で考えています。

その発想を変えることです。

人生において、99パーセントはムダなことです。

「おばあさんを助けたら、お金持ちになる」ということは、99パーセントありえません。

それでも、おばあさんを見たら「この人はお金持ちかもしれない。遺産が転がり込むかもしれないから」と、常におばあさんを助けている人がタモツ君です。

タモツ君は、けっこう商売繁盛しています。

おばあさんの遺産が転がり込んで来たことは、一度もありません。

それなのに、「タモツ君は優しい」ということで商売が繁盛しているのです。

結局、はずれていないということです。

別の結果が出ているのです。

「運が悪い」「それはムダだ」と言う人は、遺産が転がり込んで来ないからムダだと言っているにすぎません。

遺産は転がり込んで来ないけれども、商売が繁盛したというのは、結果として運が転がり込んで来たのです。

運は、思ってもみない形で転がり込んで来ます。

思った形だけ想定していては、運はつかめないのです。

自分の価値に気づくために

45

ムダから、運を生み出そう。

CHAPTER

6

結果にはこだわらずに極める人が、成功のチャンスを引き寄せる。

46
「そんなことをして、何になるの?」ということが、一番楽しい。

たとえば、「中谷さん、スポーツは何をしているんですか?」と聞かれて、「ボールルームダンスをしています」と答えると、「ボールルームダンスって、なんですか?」と聞かれました。

そこで「社交ダンスです」と答えると、相手はプッと笑うのです。

「なんのために? 意味がわからない」と言います。

ゴルフなら、仕事のつきあいでする人もいて理解されやすいのです。

私は「なんのために?」と言われることをしているのが一番うれしいです。

「なんのために」がないのが趣味です。

「○○のためにスポーツをしている」では楽しくありません。

ダイエットがうまくいかないのは、ダイエットのためにしている人です。

ダイエットのためにしているから、痩せないと途中でやめるのです。

スタイルのいい人に「何かしているんですか?」と聞くと、「特に何もしていません」と答えます。

「ダイエットは何もしていません。ただ、山が好きだから山に行っている」「好きなフットサルをして、結果として痩せている」というだけのことです。

ジョギングは、ダイエットのためにしている人と、スッキリするから好きでしている人とに分かれます。

トライアスロンをしている人は、「スカッとするから好き」と言います。

痩せるために始めた人は、しんどくてたまらなくなります。

何かのためにする人は、結局続きません。

そうではなくて、していることが、結果としてそのことにつながるということが大切です。

ダンスをする人は、男性より女性のほうが多いです。

男性1に対して、女性が10ではききません。

1テーブル10人いる中に、男性が1人いたら多いほうです。

「女性と出会いたいなら、社交ダンスをしたほうがいい」という気持ちで来る人は浮きます。

ヘンな空気を出しているから気持ち悪いのです。

結果として出会いは生まれません。

なかには、ダンスの教室で出会った人もいます。

ダンスを一生懸命している男性を見て、「あの人は不器用なのに、一生懸命で偉いな」と思っている女性がいて、お互いに気が通じ合ったのです。

兄弟子の同期の人と結婚したお相手は、鼓《つづみ》の教室で出会った人です。

私は二人の結婚式に行きました。

参列者は、鼓と長い年月を重ねてきたような高齢の女性ばかりでした。

このおばあちゃんばかりがいるところへ、よく習いに行ったものです。

そこで出会ったのが、おばあちゃんを迎えに来ていた孫娘です。
その話を聞いて「よし、自分も！」と、『こぶとりじいさん』に出てくる隣のおじいさんのように行く人はうまくいかないのです。

自分の価値に気づくために

46

「何のために」という発想を捨てよう。

47

評価されない仕事で、評価をされる。

私は20代に、ＣＭをつくる仕事をしていました。

有名なテレビのＣＭ、化粧品やクルマの大きなＣＭは、みんながつくりたがります。

これは大勢でする仕事なので、誰がつくったかはよくわかりません。

私が好きだったのはラジオＣＭです。

ラジオＣＭは、手間がかかるわりには利益が少ないので、外注していました。

私は、１００人でつくる仕事よりは、小人数で、究極は自分ひとりでできるようなものをつくりたいと思っていました。

そこで、ラジオＣＭを外注しないで、自分で原稿を書き、演出・選曲・ナレーションまでひとりでしていたのです。

これが、私のクリエイティビティーのストレス発散の場でした。

27歳の時に、ラジオCMでACC（全日本シーエム放送連盟）のグランプリを取りました。

私は、「ちゃんと見てくれている人がいるんだ」と喜びました。

その後は、得意先に行くと、営業が「この男はグランプリを取りまして」と紹介してくれて、プレゼンが通しやすくなり、また自分のしたい企画ができるようになりました。


私は、評価されるためにラジオCMをつくったのではありません。

自分のクリエイティビティーの鬱憤《うっぷん》を晴らせるので、手間がかかって、誰も評価してくれない仕事でも、やり続けたのです。

ライブラリーにこもって、昔の古い作品をコツコツ勉強していると、「おまえ、何やってるんだ」と、まるで泥棒でもしているかのように上司に怒られました。

「僕は宮川さんのラジオを勉強しようと思って、今、勉強してました」と言いました。

それはウソではありません。

宮川さんはすごくいいＣＭをつくるので、どうやってつくっているのか、文字起こしをして研究していたのです。

そういう勉強は、まったくなんの評価にもつながりません。

査定にもつきません。

それでも、自分が好きでしていたことが、最終的には、「あいつのラジオＣＭは面白い」という評価につながり、賞ももらい、チャンスもつかめて、仕事を任されるようになったのです。

自分の価値に気づくために

47

評価されない仕事をしよう。

48

受験に出ない科目で、勉強を好きになる。

受験科目の中で、英語と数学は比較的100点が取れます。

英語と数学は強い人がたくさんいて、激戦です。

受験科目の中で、みんなが手を出さない科目もあります。

ひとつは国語です。

国語は、70点取ればトップです。

サボっていても、40点、50点は取れます。

勉強しても、総合得点の中でそれほど差がつかないので、手は出さないほうがいいのです。

しかも、漢文に至っては配点10点です。

全体の配点は、現国50点、古文40点、漢文10点です。
漢文はいくら勉強しても受験のプラスにはなりません。
それでも、私は漢文が好きでした。
漢字と音のリズムが好きなのです。
そもそも、中国の古典が好きだったからです。
点差のつかない国語で、ムダな勝負をかけようとしていました。

もうひとつ好きだったのは、受験科目に入っていなかった倫理・社会です。
共通一次にも、東大の受験にも入っていないので、みんなが捨てていました。
その倫社がとても面白いと思ったのです。
高校1年の1学期は仏教です。
仏教についてのテストが出るわけです。
他教科の勉強のストレス発散で、大好きな仏教を勉強しました。
全出版社の教科書を集めて、勝手に勉強していたのです。

ほかの生徒たちは、倫社の授業中は数学と英語の勉強時間になります。

私は、先生のモノマネができるくらい集中して、倫社の授業を聞いていました。

テストの時は模範解答が出ます。

「そうか。こうなのか。先生、なかなかいい字書くな。僕の字に似てるな。あ、これ、僕のだ」と、私の答案がそのまま貼ってありました。

受験勉強としては、まったくムダな教科です。


結果として、今、私が本を書いているのは、あの時の国語と倫社の勉強が役に立っているのです。

人生において、私が生計を立てるもとのライフワークになっています。

受験に出るか出ないかは、関係ありません。

みんなと競争しない学科を選んだのです。

効率を求めていくと、レッド・オーシャンに入って行くのです。

多くの人が効率を求めるからです。

「倫社なんか勉強して何になるの?」というムダなことをしていくことで、競争のないところへ行けたのです。

自分の価値に気づくために

48

受験に出ない科目を勉強しよう。

49 利益を生まないトイレを増やすことで、利益を生む。

ある劇場が、リニューアルオープンしました。

これが評判悪いのです。

女子トイレが少ないためです。

男性がつくったのです。

男性には、お芝居の休憩時間に、女性がトイレに入れず戻ってきているということがわかりません。

女子トイレが混むと、その列に並んでいるだけで休憩時間が終わってしまうのです。

まず、お客様は女性のほうが多いのです。

その全員がトイレに行くわけです。
女子トイレは個室で、ひとり当たりの時間が長くかかります。
それなのに男子トイレと同じ数というのは、そもそもおかしいのです。
１０００人入る劇場なら、１０００個のトイレが必要なぐらいです。
劇場にとって、トイレは利益を生みません。
経営者は、トイレを増やすなら、その分、席数を増やそうとします。
「席は売れるけど、トイレは売れない」というのが、ムダを減らす効率の考え方です。

一見利益を生まないムダなことが、大きな利益を生み出すのです。

自分の価値に気づくために

49

お客様のためになることをしよう。

50

エビデンスを、求めない。

効率を考える人は、必ず「エビデンス（証拠）はありますか？」と聞きます。

ときどき、まじめな編集者に「中谷先生がおっしゃっていることのエビデンスが見当たりません。エビデンスを提示してください」と言われます。

エビデンスは、私です。

私の体験や考えを書いているだけです。

私の考えにエビデンスがあるなら、誰かがすでに言っています。

本を書く時に、もちろんエビデンスが必要な場合もあります。

発想に、エビデンスはありません。

発想は、自分の人生から出て来ていることであって、「○○白書」からは出て来ません。

「これはエビデンスがないので、エビデンスをつけてください」と言われても困ります。

話していてつまらないのは、「その本どおりにすると、何パーセントの確率で成功しますか？」と言う人です。

私は、そんなことはいちいち言いません。

「自分は、失敗というムダをしたくない」というのは、効率を考える人です。

そういう人にとっては、本を読むという行為自体がすべてムダになるのです。

自分の価値に気づくために

50

確率を求めない。

51 苦労してつくったものを捨てることで、クオリティーが上がる。

テレビのクイズ番組は、収録に長時間かけて作られます。

テレビで映っているのは十分の一です。

長い時間をかけて収録したものを、放送時間におさまるようにカットするから、面白くなるのです。

『世界ふしぎ発見！』のようなドキュメンタリー番組も、映っているのは収録したうちのほんの一部です。

使われる量は、プロ野球ニュースのホームランシーンぐらいです。

プロ野球ニュースは、全試合の中で打者が打ったところしか出ません。

試合が動いたところくらいしか使われていないのです。

本を書く時も同じです。

苦労して書いても、全体のバランスを考えたら、ここはカットしたほうがいいというところもあります。

その部分をカットすることで、残ったところが生きてくるのです。


映画の撮影でも、苦労して撮ったところがカットになることがあります。

「これ、現場でみんなが苦労して撮ったのに」と思いますが、編集の時にカットすることで、映画全体が生きるのです。


苦労したところをどれだけカットしているかで、残っている部分の見えない厚みが生まれます。


できたものをそのまま全部生かすという効率的な形にすると、良さが出ないのです。

確かに、カットしないほうが効率がよくて、ムダはありません。

それでも、いいものをつくるために、カットの量に命を賭けるのです。

いいコピーも、最初の1行で完成するわけではありません。
1行のコピーを書くために、何万本というコピーを書くというムダなことができるのが一流なのです。

自分の価値に気づくために

51

苦労したことでも、捨てよう。

52

デジタルの時代だからこそ、アナログなことに魅力がある。

世の中は、どんどんデジタル化しています。

デジタルは、効率的です。

ムダなことがありません。

アナログは、デジタルに比べると効率が悪いのです。

アナログしかなかった時代には、それでも仕方がありませんでした。

デジタルが出てくることで、今度はデジタルの有効なところを使いながら、アナログで差がつくようになりました。

アナログ時代には、少しでもデジタルが入っているほう、効率化したほうが勝ちでした。

デジタルが基準になった社会においては、アナログで勝負がつくのです。

効率化できるところはみんな同じなので、デジタルでは差がつきません。

効率化できないアナログのところで差がついてくるのです。


映画『ダイ・ハード』は、1作目から5作目まであります。

1作目が一番面白かったです。

それは、アナログだったからです。

ブルース・ウィリスが、ガラスの上を裸足《はだし》で走りまわっていました。

続編のシリーズになると、だんだん大がかりになってCGの映像になります。

CGでするとなんでもできてしまうため、感動が薄らぎます。

ナマ身の人間が演技することで、ナマ身のすごさを味わえるのです。

『ルパン三世』シーズン5に、ITオタクの女の子がライバルとして出てきます。

その子がルパン三世に惹かれた理由として、「とんでもなくアナログなオヤジがあらわれた」というセリフがあります。

これがルパン三世の美学です。

「とんでもないアナログなオヤジ」は、デジタル社会の中では絶滅危惧種です。

ムダを持っていることに、希少価値が生まれます。

ムダをどれだけできるかが勝負です。

一流は、「これ、ムダなんですけどね」と笑いながら、ムダなことができます。

ムダを愛して、ムダとわかりながらもできる人が、デジタル社会の中では一番生き残れるのです。

自分の価値に気づくために

52

アナログを楽しもう。

53 見返りのないことをする。

ムダとは、「それをしても見返りがないこと」「結果が出ないこと」です。

他者承認のデジタル社会では、見返りのないことはみんながしなくなります。

その結果、その人がどれだけ見返りのないことをしているかで差がつきます。

自分のタイプでない人に優しくすることもそのひとつです。

見返りを何も期待していない行為が、最終的にはすごく大きい見返りとして返ってきます。


映画『DESTINY　鎌倉ものがたり』の中で、みんながイヤがる貧乏神に、作家の奥さんが優しくごはんを食べさせてあげます。

すると、「なに、貧乏神にごはんなんか食べさせてるの？」と、作家が怒ります。貧乏神が「こんなこと、今までされたことなかった。『貧乏神は出ていけ』と、どこに行っても冷たくされるのに。うれしい。記念にこのお茶碗をあげる」と、汚い茶碗を作家の奥さんにあげました。

その時に、「じゃ、これ、交換してあげる。百均で買ったのだけど」「え、こんなきれいなお茶碗くれるの？」と交換したことが、後で効いてくるのです。

効率社会になるほど、「見返りのないこと」をしていくことで何かが生まれます。

まわりの人に「それは何ですか？」と言われても、気にしないことです。

逆に言うと、それを楽しみと思えばいいのです。

ムダなことは、将来何が出ると決まっているものではなく、お楽しみ袋になっているのです。

自分の価値に気づくために

53

結果の出ないことをしよう。

54

余裕は、ムダから生まれる。

魅力がある人は、余裕のある人です。

モテない人は、余裕のない人です。

「今日ホテルに行かないと、もう二度と誘わない」と言う余裕のない人は、モテません。

料理を頼む時に、「今日ホテルに行くなら、松のうなぎを頼んでいいけど、行かないなら梅ね」と言う人は、余裕がありません。

うなぎ屋さんに行って、「松と竹はどう違うんですか?」と聞く人も、余裕がなさすぎです。

余裕とは、ムダから生まれるのです。

「私は余裕ありますよ。嫌いなモノはムダ」と言うのは、矛盾しています。

ムダができることが、その人の余裕になるのです。

私は、中島《なかじま》誠之助《せいのすけ》さんとテレビ番組で吉野へ行ったことがあります。

誠之助さんが土産物屋さんで、「中谷さん、ここに面白いモノがありましたよ」と言いました。

「すごいモノがあるんですか。やっぱり吉野は南朝があったから、何かあるんだ」と、誠之助さんに近寄ると、「この耳かき、使いやすいわ」と言うのです。

その時に、土産物屋で耳かきを買うのが中島さんの余裕です。

古伊万里《こいまり》の達人でも、民芸として使われているモノの中に美を見出して、耳かきにも「これ、使いやすいわ。気持ちいいわ」と言えることが、余裕なのです。

自分の価値に気づくために

54

余裕を、持とう。

55

何もない空間から、美意識が生まれる。

私が大学の演劇科で勉強している時、演劇の先端のピーター・ブルックが「なにもない空間」という演出をしていました。

別役実《べつやくみのる》さんのお芝居でも、舞台に電信柱が1本だけ立っているところに何かを想像させます。

一方で、背景のセットを組むお芝居は、見る側の想像力は関係なしに味わうことができます。

絵も、余白や空白があることによって、そこに何かを見出すことができます。

何もない空間は、決してムダではありません。

そこに、人間の最も強い武器である想像力が入り込む余地があるのです。

映画『DESTINY　鎌倉ものがたり』の中で、

「われわれには想像力というものがあるんだ。これが武器だ」

「そこにないモノをあるように感じられる。これが想像力だ」

と、お父さんが息子にアドバイスする場面があります。

本を読むより、映像で見たほうが効率的で早いのです。

映像がないところからの想像力は、すごくマジカルで、スーパーイリュージョンなことをしているのです。


美意識は、スキ間にモノを置くのではなく、何もない空間から生まれます。

これも想像力をかき立てます。

千利休は、庭に一面の朝顔を咲かせておいて、部屋の中には一輪だけ置きました。

無限のバラを敷き詰めるのではなくて、一輪の朝顔がポッとあるだけで、無限を想像させるのです。

自分の価値に気づくために

55

スキ間にモノを置かない。

無限は、どこまでたくさんのモノを置いてもあらわせません。

100本持ってきても、「500本よりは少ない」となります。
絵では、1本しか描かないことで無限を想像させます。
円山応挙《まるやまおうきょ》の『雪松《ゆきまつ》図《ず》屏風《びょうぶ》』は、雪の色を塗り残すことで雪を感じます。
長谷《はせ》川《がわ》等伯《とうはく》の『松林《しょうりん》図《ず》屏風《びょうぶ》』は、松が数本描かれているだけです。
それでも、松が奥まで無限に続いているように感じます。
びっしり描くと、逆に無限がわからなくなるのです。

56 合理的なことだけしていたら、進化しない。

効率を考えると、どうしても合理的なことをしようとします。

合理的なことだけをしていると、進化はありません。

企業の社長さんと会った時、

「最近、彼女ができたんですよ」

「いいですね」

「中谷さんの本は勉強になります」

という話になりました。

私のマーケティングや経営、リーダーシップの本が参考になるのかと思ったら、

「中谷さんの恋愛の本が参考になります」と言われたのです。

ふだんは、仕事ではムダを排除し、合理性を極めている経営者です。

恋愛は、完全に不合理なものです。

まったくのムダで、ダダ漏れなのです。

仕事では爪に火を灯すように節約しても、恋愛ではひたすら浪費します。

まったく節約の効果がありません。

その両者をすると、合理と不合理の中から次のステップの新しい新合理が生まれてくるのです。

そもそも恋愛は、合理的にすると成り立ちません。

不合理な恋愛をすることによって、もっとすごい経営者になるのです。


ビジネスにも、生き方にもステージがあります。

合理的、効率的なことをしていると、今のステージで止まってしまいます。

一段進化を遂げようと思うなら、そこに何かムダなことを混ぜることです。

効率に何かムダを足すことによって、次のところへ進化していけるのです。

効率的なものを極めることも大切です。
同じように、そこにムダも極めていけばいいのです。

効率＋効率では、そこで止まってしまいます。

効率×ムダをした時に、「予想もしないモノ」を生み出すことができます。

楽しい人生が「ムダをすること」から始まるのです。

自分の価値に気づくために

56

不合理なことをすることで、進化しよう。

中谷彰宏　主な作品一覧

ビジネス

【ダイヤモンド社】

『50代でしなければならない55のこと』
『なぜあの人の話は楽しいのか』
『なぜあの人はすぐやるのか』
『なぜあの人の話に納得してしまうのか[新版]』
『なぜあの人は勉強が続くのか』
『なぜあの人は仕事ができるのか』
『なぜあの人は整理がうまいのか』
『なぜあの人はいつもやる気があるのか』
『なぜあのリーダーに人はついていくのか』
『なぜあの人は人前で話すのがうまいのか』
『プラス1%の企画力』
『こんな上司に叱られたい。』
『フォローの達人』
『女性に尊敬されるリーダーが、成功する。』
『就活時代しなければならない50のこと』
『お客様を育てるサービス』
『あの人の下なら、「やる気」が出る。』
『なくてはならない人になる』
『人のために何ができるか』
『キャパのある人が、成功する。』
『時間をプレゼントする人が、成功する。』
『ターニングポイントに立つ君に』
『空気を読める人が、成功する。』
『整理力を高める50の方法』
『迷いを断ち切る50の方法』
『初対面で好かれる60の話し方』
『運が開ける接客術』
『バランス力のある人が、成功する。』
『逆転力を高める50の方法』
『最初の3年その他大勢から抜け出す50の方法』
『ドタン場に強くなる50の方法』
『アイデアが止まらなくなる50の方法』
『メンタル力で逆転する50の方法』
『自分力を高めるヒント』
『なぜあの人はストレスに強いのか』
『スピード問題解決』
『スピード危機管理』
『一流の勉強術』
『スピード意識改革』
『お客様のファンになろう』
『なぜあの人は問題解決がうまいのか』
『しびれるサービス』

『大人のスピード説得術』
『お客様に学ぶサービス勉強法』
『大人のスピード仕事術』
『スピード人脈術』
『スピードサービス』
『スピード成功の方程式』
『スピードリーダーシップ』
『出会いにひとつのムダもない』
『お客様がお客様を連れて来る』
『お客様にしなければならない50のこと』
『30代でしなければならない50のこと』
『20代でしなければならない50のこと』
『なぜあの人は気がきくのか』
『なぜあの人はお客さんに好かれるのか』
『なぜあの人は時間を創り出せるのか』
『なぜあの人は運が強いのか』
『なぜあの人はプレッシャーに強いのか』
『大人のスピード説得術』
『お客様に学ぶサービス勉強法』
『大人のスピード仕事術』
『スピード人脈術』
『スピードサービス』
『スピード成功の方程式』
『スピードリーダーシップ』
『出会いにひとつのムダもない』
『お客様がお客様を連れて来る』
『お客様にしなければならない50のこと』
『30代でしなければならない50のこと』
『20代でしなければならない50のこと』
『なぜあの人は気がきくのか』
『なぜあの人はお客さんに好かれるのか』
『なぜあの人は時間を創り出せるのか』
『なぜあの人は運が強いのか』
『なぜあの人はプレッシャーに強いのか』

【ファーストプレス】

『「超一流」の会話術』
『「超一流」の分析力』
『「超一流」の構想術』
『「超一流」の整理術』
『「超一流」の時間術』
『「超一流」の行動術』
『「超一流」の勉強法』
『「超一流」の仕事術』

【PHP研究所】

『もう一度会いたくなる人の聞く力』
『【図解】仕事ができる人の時間の使い方』
『仕事の極め方』
『【図解】「できる人」のスピード整理術』
『【図解】「できる人」の時間活用ノート』

【PHP文庫】

『入社3年目までに勝負がつく77の法則』

【オータパブリケイションズ】

『レストラン王になろう2』
『改革王になろう』
『サービス王になろう2』

【あさ出版】
『気まずくならない雑談力』
『なぜあの人は会話がつづくのか』

【学研プラス】
『頑張らない人は、うまくいく。』
『見た目を磨く人は、うまくいく。』（文庫）
『セクシーな人は、うまくいく。』
『片づけられる人は、うまくいく。』（文庫）
『なぜ あの人は2時間早く帰れるのか』
『チャンスをつかむプレゼン塾』
『怒らない人は、うまくいく。』（文庫）
『迷わない人は、うまくいく。』
『すぐやる人は、うまくいく。』（文庫）
『シンプルな人は、うまくいく。』
『見た目を磨く人は、うまくいく。』
『会話力のある人は、うまくいく。』
『ブレない人は、うまくいく。』

【リベラル社】
『モチベーションの強化書』
『問題解決のコツ』
『リーダーの技術』

『速いミスは、許される。』**（リンデン舎）**
『歩くスピードを上げると、頭の回転は速くなる。』**（大和出版）**
『結果を出す人の話し方』**（水王舎）**
『一流のナンバー2』**（毎日新聞出版）**
『なぜ、あの人は「本番」に強いのか』**（ぱる出版）**
『「お金持ち」の時間術』**（二見書房・二見レインボー文庫）**
『仕事は、最高に楽しい。』**（第三文明社）**
『「反射力」早く失敗してうまくいく人の習慣』**（日本経済新聞出版社）**
『伝説のホストに学ぶ82の成功法則』**（総合法令出版）**
『リーダーの条件』**（ぜんにち出版）**
『転職先はわたしの会社』**（サンクチュアリ出版）**
『あと「ひとこと」の英会話』**（DHC）**

恋愛論・人生論

【ダイヤモンド社】
『なぜあの人は逆境に強いのか』
『25歳までにしなければならない59のこと』
『大人のマナー』
『あなたが「あなた」を超えるとき』
『中谷彰宏金言集』
『「キレない力」を作る50の方法』
『30代で出会わなければならない50人』
『20代で出会わなければならない50人』
『あせらず、止まらず、退かず。』
『明日がワクワクする50の方法』
『なぜあの人は10歳若く見えるのか』
『成功体質になる50の方法』
『運のいい人に好かれる50の方法』
『本番力を高める57の方法』

『運が開ける勉強法』
『ラスト3分に強くなる50の方法』
『答えは、自分の中にある。』
『思い出した夢は、実現する。』
『面白くなければカッコよくない』
『たった一言で生まれ変わる』
『スピード自己実現』
『スピード開運術』
『20代自分らしく生きる45の方法』
『大人になる前にしなければならない50のこと』
『会社で教えてくれない50のこと』
『大学時代しなければならない50のこと』
『あなたに起こることはすべて正しい』

【PHP研究所】

『なぜあの人は、しなやかで強いのか』
『メンタルが強くなる60のルーティン』
『なぜランチタイムに本を読む人は、成功するのか。』
『中学時代にガンバれる40の言葉』
『中学時代がハッピーになる30のこと』
『14歳からの人生哲学』
『受験生すぐにできる50のこと』
『高校受験すぐにできる40のこと』
『ほんのささいなことに、恋の幸せがある。』
『高校時代にしておく50のこと』
『中学時代にしておく50のこと』

【PHP文庫】

『もう一度会いたくなる人の話し方』
『お金持ちは、お札の向きがそろっている。』
『たった3分で愛される人になる』
『自分で考える人が成功する』

【だいわ文庫】

『いい女のしぐさ』
『美人は、片づけから。』
『いい女の話し方』
『「つらいな」と思ったとき読む本』
『27歳からのいい女養成講座』
『なぜか「ＨＡＰＰＹ」な女性の習慣』
『なぜか「美人」に見える女性の習慣』
『いい女の教科書』
『いい女恋愛塾』
『やさしいだけの男と、別れよう。』
『「女を楽しませる」ことが男の最高の仕事。』
『いい女練習帳』
『男は女で修行する。』

【学研プラス】

『美人力』（ハンディ版）
『嫌いな自分は、捨てなくていい。』

【あさ出版】

『孤独が人生を豊かにする』
『「いつまでもクヨクヨしたくない」とき読む本』
『「イライラしてるな」と思ったとき読む本』

【きずな出版】

『「理不尽」が多い人ほど、強くなる。』
『グズグズしない人の61の習慣』

『イライラしない人の63の習慣』
『悩まない人の63の習慣』
『いい女は「涙を背に流し、微笑みを抱く男」とつきあう。』
『ファーストクラスに乗る人の自己投資』
『いい女は「紳士」とつきあう。』
『ファーストクラスに乗る人の発想』
『いい女は「言いなりになりたい男」とつきあう。』
『ファーストクラスに乗る人の人間関係』
『いい女は「変身させてくれる男」とつきあう。』
『ファーストクラスに乗る人の人脈』
『ファーストクラスに乗る人のお金2』
『ファーストクラスに乗る人の仕事』
『ファーストクラスに乗る人の教育』
『ファーストクラスに乗る人の勉強』
『ファーストクラスに乗る人のお金』
『ファーストクラスに乗る人のノート』
『ギリギリセーフ』

【ぱる出版】

『粋な人、野暮な人。』
『品のある稼ぎ方・使い方』
『察する人、間の悪い人。』
『選ばれる人、選ばれない人。』
『一流のウソは、人を幸せにする。』
『セクシーな男、男前な女。』
『運のある人、運のない人』
『器の大きい人、器の小さい人』
『品のある人、品のない人』

【リベラル社】

『50代がもっともっと楽しくなる方法』
『40代がもっと楽しくなる方法』
『30代が楽しくなる方法』
『チャンスをつかむ　超会話術』
『自分を変える　超時間術』
『一流の話し方』
『一流のお金の生み出し方』
『一流の思考の作り方』

【秀和システム】

『人とは違う生き方をしよう。』
『なぜ あの人はいつも若いのか。』
『楽しく食べる人は、一流になる。』
『一流の人は、〇〇しない。』
『ホテルで朝食を食べる人は、うまくいく。』
『なぜいい女は「大人の男」とつきあうのか。』
『服を変えると、人生が変わる。』

【日本実業出版社】

『出会いに恵まれる女性がしている63のこと』
『凛とした女性がしている63のこと』
『一流の人が言わない50のこと』
『一流の男　一流の風格』

【主婦の友社】

『輝く女性に贈る　中谷彰宏の運がよくなる言葉』
『輝く女性に贈る　中谷彰宏の魔法の言葉』

【水王舎】

『『なぜあの人は「教養」があるのか。』

『「人脈」を「お金」にかえる勉強』

『「学び」を「お金」にかえる勉強』

【毎日新聞出版】

『あなたのまわりに「いいこと」が起きる70の言葉』

『なぜあの人は心が折れないのか』

【大和出版】

『「しつこい女」になろう。』

『「ずうずうしい女」になろう。』

『「欲張りな女」になろう。』

『一流の準備力』

【すばる舎リンケージ】

『好かれる人が無意識にしている言葉の選び方』

『好かれる人が無意識にしている気の使い方』

【ベストセラーズ】

『一歩踏み出す5つの考え方』

『一流の人のさりげない気づかい』

『お金の不安がなくなる60の方法』**(現代書林)**

『なぜあの人には「大人の色気」があるのか』**(現代書林)**

『1秒で刺さる書き方』**(ユサブル)**

『昨日より強い自分を引き出す61の方法』**(海竜社)**

『状況は、自分が思うほど悪くない。』**(リンデン舎)**

『一流のストレス』**(海竜社)**

『成功する人は、教わり方が違う。』**(河出書房新社)**

『名前を聞く前に、キスをしよう。』**(ミライカナイブックス)**

『なぜかモテる人がしている42のこと』**(イースト・プレス　文庫ぎんが堂)**

『人は誰でも講師になれる』**(日本経済新聞出版社)**

『会社で自由に生きる法』**(日本経済新聞出版社)**

『全力で、1ミリ進もう。』**(文芸社文庫)**

『「気がきくね」と言われる人のシンプルな法則』**(総合法令出版)**

『なぜあの人は強いのか』**(講談社＋α文庫)**

『大人になってからもう一度受けたい コミュニケーションの授業』**(アクセス・パブリッシング)**

『運とチャンスは「アウェイ」にある』**(ファーストプレス)**

『大人の教科書』**(きこ書房)**

『モテるオヤジの作法2』**(ぜんにち出版)**

『かわいげのある女』**(ぜんにち出版)**

『壁に当たるのは気モチイイ　人生もエッチも』**(サンクチュアリ出版)**

書画集『会う人みんな神さま』**(DHC)**

ポストカード『会う人みんな神さま』**(DHC)**

『サクセス&ハッピーになる50の方法』**(阪急コミュニケーションズ)**

【面接の達人】(ダイヤモンド社)

『面接の達人　バイブル版』

本の感想など、
どんなことでも、
あなたからのお手紙を
お待ちしています。
僕は、本気で読みます。

中谷彰宏

〒162-0053
東京都新宿区原町3-61　桂ビル
現代書林気付　中谷彰宏行
＊食品、現金、切手などの同封はご遠慮ください。（編集部）

中谷彰宏は、盲導犬育成事業に賛同し、
この本の印税の一部を
（公財）日本盲導犬協会に寄付しています。

中谷彰宏（なかたに あきひろ）

1959年、大阪府生まれ。
早稲田大学第一文学部演劇科卒業。84年、博報堂に入社。CMプランナーとして、テレビ、ラジオCMの企画、演出をする。91年、独立し、株式会社中谷彰宏事務所を設立。「中谷塾」を主宰し、全国で講演・ワークショップ活動を行っている。

[中谷彰宏公式サイト]
https://an-web.com/

チャンスは「ムダなこと」から生《う》まれる。
自分《じぶん》の価値《かち》に気《き》づく56の方法《ほうほう》

2018年11月29日　初版第1刷

著　者――――――――――中谷彰宏《なかたにあきひろ》
発行者――――――――――坂本桂一
発行所――――――――――現代書林
〒162-0053　東京都新宿区原町3-61　桂ビル
TEL／代表　03(3205)8384
振替00140-7-42905
http://www.gendaishorin.co.jp/

ブックデザイン＋DTP―――吉崎広明（ベルソグラフィック）
企画・編集協力――――――遠藤励起
カバー帯、扉使用写真――pixelfit/gettyimages
本文使用写真――――――Maridav/Shutterstock.com

印刷・製本　広研印刷(株)
定価はカバーに表示してあります。
万一、落丁・乱丁のある場合は購入書店名を明記の上、小社営業部までお送りください。送料小社負担にてお取り替えいたします。但し、古書店で購入されたものについてはお取り替えできません。
この本に関するご意見・ご感想をメールでお寄せいただく場合は、info@gendaishorin.co.jp まで。

ISBN978-4-7745-1746-9 C0030